AUTORIN: ALEXANDRA BEISSWENGER | FOTOGRAF: OLIVER GIEL

MÄUSE

INHALT

4 EIN HERZ FÜR MÄUSE

26 ALLTAG MIT MÄUSEN

42 FIT UND GESUND

EXTRAS

Umschlagklappen:

Verhaltensdolmetscher

SOS – was tun?

Schon gewusst?

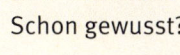

DIE GU-QUALITÄTS-GARANTIE

Wir möchten Ihnen mit den Informationen und Anregungen in diesem Buch das Leben erleichtern und Sie inspirieren, Neues auszuprobieren. Bei jedem unserer Produkte achten wir auf Aktualität und stellen höchste Ansprüche an Inhalt, Optik und Ausstattung. Alle Informationen werden von unseren Autoren und unserer Fachredaktion sorgfältig ausgewählt und mehrfach geprüft. Deshalb bieten wir Ihnen eine 100%ige Qualitätsgarantie.

Darauf können Sie sich verlassen:
Wir legen Wert auf artgerechte Tierhaltung und stellen das Wohl des Tieres an erste Stelle. Wir garantieren, dass:
- alle Anleitungen und Tipps von Experten in der Praxis geprüft und
- durch klar verständliche Texte und Illustrationen einfach umsetzbar sind.

Wir möchten für Sie immer besser werden:
Sollten wir mit diesem Buch Ihre Erwartungen nicht erfüllen, lassen Sie es uns bitte wissen! Wir tauschen Ihr Buch jederzeit gegen ein gleichwertiges zum gleichen oder ähnlichen Thema um. Nehmen Sie einfach Kontakt zu unserem Leserservice auf. Die Kontaktdaten unseres Leserservice finden Sie am Ende dieses Buches.

GRÄFE UND UNZER VERLAG
Der erste Ratgeberverlag – seit 1722.

EIN HERZ FÜR MÄUSE

Sie sind klein, putzig und sehr genügsam. Eine liebevolle Behandlung erwidern sie mit besonderem Zutrauen. Kein Wunder, dass schon viele Menschen »auf die Maus« gekommen sind.

Warum Mäuse?

Mit ihren dunklen Knopfaugen und ihrem vorwitzigen Näschen haben die niedlichen Winzlinge schon so manchen Menschen verzaubert. Unglaublich, dass jedes einzelne Exemplar dieser possierlichen Nager eine eigene kleine Persönlichkeit besitzt und somit ein »Unikat« ist. Neugierig und mit behutsamen Bewegungen erobern Mäuse auf flinken Pfötchen ihre gesamte Umwelt.

Wer interessante und zutrauliche Hausgenossen für die ganze Familie sucht, der hat mit Farbmäusen auf jeden Fall die richtige Wahl getroffen. Auch Kinder sind schnell für diese geselligen und friedlichen Nager zu begeistern. Sie können unter Aufsicht bereits früh zu Pflegemaßnahmen für die kleinen Mitbewohner eingesetzt werden.

Mit Leckerbissen lassen sich die Fellnasen sogar zu regelrechten Kunststücken verführen. Jeden Tag faszinieren Sie uns aufs Neue, wenn sie mit großem Geschick und oft in wahnwitzigem Tempo in der Käfigarena herumflitzen und waghalsige Turnübungen vollbringen. Denn sportlich sind die aktiven kleinen Nager allemal.

Gesellige Tiere

Erst im Familienverband zeigen die putzigen Farbmäuse allerdings ihr gesamtes Verhaltensrepertoire und fühlen sich so richtig wohl. Dazu gehören auch die täglichen Kuschelstunden im eigenen Nest, die mit Vorliebe in Gemeinschaft mit dem ganzen Rudel abgehalten werden.

Zum Glück erweisen Mäuse sich bei guter Pflege als recht robust und werden nur selten krank. Und von Natur aus sind Mäuse äußerst genügsame Mitbewohner, die ihren Besitzern die liebevolle Behandlung mit der ihnen eigenen besonderen Zutraulichkeit danken.

Von Menschen und Mäusen

Kaum ein Tier, das so nahe mit dem Menschen zusammenlebt, scheidet die Gemüter so sehr wie die Maus. Der eine ist fasziniert von der Raffinesse und Possierlichkeit dieser flinken Nager. Der andere kämpft gegen sie als Plagegeister an, weil sie kaum ein Vorratslager unbehelligt lassen. Ein dritter kann kaum den bloßen Anblick von Mäusen ertragen. Welche Faszination von Mäusen ausgeht, das beweist die vermutlich berühmteste Maus, die Mickey Mouse von Walt Disney. Sie ist bei Kindern und Erwachsenen seit Jahrzehnten gleichermaßen beliebt. Auch über die gewitzte, lustige Maus aus der Trickfilmreihe »Tom und Jerry« hat fast jeder schon einmal gelacht. Mäuse sind aus unserer Alltagswelt kaum wegzudenken.

Sie sehen schon, die Maus besitzt ein echtes Erfolgsrezept und hat uns Menschen längst unbemerkt um den kleinen Finger gewickelt. Aber das werden Sie ja selbst erleben ...

Kulturfolger Maus

Die besondere Beziehung zwischen Mensch und Maus reicht weit in die Geschichte zurück: Sie begann bereits vor etwa 9000 Jahren, als die Menschen nicht mehr nur als Jäger und Sammler umherzogen, sondern anfingen, systematisch Ackerbau zu betreiben. Immer öfter kreuzten die Mäuse den Weg des Menschen, denn zu groß war der Reiz, sich in den – aus Mäusesicht – riesigen Vorratslagern der Zweibeiner satt zu futtern und den Schutz ihrer Behausungen zu genießen.

In Ägypten nahmen Mäuse vor ungefähr 5000 Jahren eine ganz spezielle Stellung ein. Die Ägypter glaubten nämlich, dass die Sonnenglut in den Sommermonaten die Tiere aus dem Schlamm des Leben spendenden Nils hervorbringe. Kein Wunder also, dass den kleinen Nagern sogar übersinnliche Fähigkeiten sowie kräftigende und heilende Wirkungen zugesprochen wurden.

Seit Jahrtausenden lebt die Maus an der Seite des Menschen, doch Freundschaften waren eher selten.

Auf Kreta wurden vor 4000 Jahren erstmals bewusst weiße Mäuse in Tempeln gezüchtet. Sie genossen als heilige Tiere und gemeinhin als Glücksbringer großes Ansehen.

Im europäischen Mittelalter galten Mäuse – in Stücke geschnitten oder getrocknet – als Allheilmittel und gingen so in die Geschichte der Medizin ein. Zu Beginn des 17. Jahrhunderts wird von den ersten gezielten Farbmäusezuchten in China und Japan berichtet. Von diesen Nachkommen stammen vermutlich unsere heutigen Farbmäuse in Europa ab. Sie sollen laut Überlieferung auf portugiesischen Schiffen aus Japan zu uns gelangt sein.

Schon Ende des 19. Jahrhunderts hatten Mäuse bei Tierliebhabern so viele Freunde gefunden, dass im Jahr 1895 der erste Zuchtverein, der »National Mouse Club« in England gegründet wurde. Seine Schwerpunkte liegen auf Themen wie Zucht, Ausstellung und Prämierung von Farbmäusen.

Im Jahr 2004 gründete sich auch in Deutschland ein Verein, der sich mit der Rassezucht und der Ausstellung der immer beliebter werdenden Nager beschäftigt, der Deutsche Mäuse-Rassezuchtverein Muridae e. V. (DMRM).

Zoologische Einordnung

Mäuse sind Säugetiere, die der Ordnung der Nagetiere *(Rodentia)* zugerechnet werden.

In Europa finden sich vor allem zwei verschiedene Wildformen der Mäuse: die Westliche Hausmaus oder Haus-Hausmaus *(Mus musculus domesticus)* und die Nördliche Hausmaus oder Feld-Hausmaus *(Mus musculus musculus)*. Beide zählen zur Familie der Echten Mäuse *(Muridae)*. Dieser Familie gehören neben der Hausmaus und der Ratte noch etwa 100 weitere Gattungen an. Wie der Name schon vermuten lässt, lebt die Haus-Hausmaus nahezu

Mäuse verstecken sich gern in Unterschlüpfen jeder Art. Dieses Verhalten schützt sie in der freien Natur vor Feinden.

ausschließlich in menschlichen Behausungen oder wenigstens in deren näherer Umgebung. Man findet sie vor allem in West- und Nordwesteuropa, wo sie zu den sogenannten Kommensalen gehört, das heißt, sie gewinnt ihr Futter hauptsächlich dort, wo die Menschen Nahrung für ihre eigenen Zwecke herstellen und aufbewahren.

Die Feld-Hausmaus ist im Gegensatz zur Haus-Hausmaus eher in Ost-, Südost- und Nordosteuropa heimisch. Allerdings lebt sie meist gänzlich in freier Natur, vor allem an Feld- und Wiesenrändern. Notfalls kann sie aber natürlich auch ein Dasein in der Nähe des Menschen führen.

Im Winter legt sich die Feld-Hausmaus oder Nördliche Hausmaus tiefe unterirdische Bauten mit Vorratslagern an. Dieses Verhalten unterscheidet sie von der Westlichen Hausmaus, die keine Futtervorräte anlegt und einlagert.

Passen Mäuse zu mir?

Bevor Sie sich entgültig dazu entschließen, eine kleine Mäusefamilie bei sich aufzunehmen, sollten Sie sich klarmachen, welche Veränderungen damit in Ihrem alltäglichen Leben verbunden sind.
Die Lebenserwartung von Mäusen liegt zwar mit durchschnittlich zwei Jahren nicht sehr hoch. Dennoch tragen Sie in dieser Zeit die volle Verantwortung für das Wohlergehen dieser kleinen Fellknäuel und sollten ihnen ein erfülltes Leben bieten.
Möglicherweise sind auch nicht alle Familienmitglieder von der Idee begeistert, Mäuse bei sich einziehen zu lassen, denn Mäuse bringen einen für sie sehr typischen Geruch mit, den nicht jeder Mensch tolerieren mag.
Die Entscheidung für die Haltung der kleinen Nager sollten Sie daher einstimmig in Ihrem Haushalt beschließen, damit den Mäusen kein unnötiger Stress durch einen eventuell notwendig werdenden Besitzerwechsel zugemutet werden muss.

Damit sich alle »mausewohl« fühlen

Mäuseheim Ein geräumiger schöner Käfig mit einer abwechslungsreichen Einrichtung ist ein absolutes Muss. Seine Gestaltung macht jedem Mäusefan sehr viel Spaß.
Der Standort des Mäuseheims sollte schon vorher gut überlegt werden (→ Seite 21). Tabakqualm vertragen die Nager nur schlecht, sodass die Mäuseumgebung auf jeden Fall eine »rauchfreie« Zone sein sollte.
Pflege Mäuse sind zwar keine anspruchsvollen Hausbewohner, aber sie benötigen natürlich täglich Aufmerksamkeit und Pflege. Ich kann Sie jedoch beruhigen: Die regelmäßig notwendig werdenden Handgriffe sind nicht sehr zeitintensiv und lassen sich gut mit dem Berufsleben vereinbaren. Und nach einem stressigen Arbeitstag gibt es nichts Entspannenderes als eine vergnügliche Spielstunde mit der gesamten Mäusebande.
Tierarztkosten Auch wenn Farbmäuse zum Glück nur selten krank werden, sollten Sie mögliche Tierarztkosten schon im Vorfeld mit einplanen und ein paar Euro für Notfälle zurücklegen.
Allergie Achten Sie auf eine mögliche Neigung zu Allergien in Ihrer eigenen Familie. Die meisten Allergien in Zusammenhang mit der Nagetierhaltung sind jedoch meist auf eine Überreaktion auf die übliche Käfigeinstreu zurückzuführen und nicht auf die Tiere selbst. Glücklicherweise gibt es heutzutage schon Einstreualternativen in jedem Zoo-

Früchte vom Weißdornstrauch sollten nur selten und in kleinen Mengen angeboten werden.

fachhandel, die auch für Allergiker geeignet sind (→ Seite 20). Fragen Sie danach.

Kinder Wenn Sie Kinder haben, können Sie sicher sein, dass sie etwa ab dem schulpflichtigen Alter viel Spaß im Umgang mit den Nagern haben werden. Allerdings müssen sie sich durch die kurze Lebenserwartung der Mäuse auch früh wieder von ihren Lieblingen verabschieden.

Beziehen Sie auch in Ihre Überlegungen ein, dass Mäuse eher »Beobachtungstiere« sind. Zahme Mäuse lassen sich zwar gerne im Fell kraulen, als Streicheltiere – ähnlich einer Katze oder einem Hund – kann man sie jedoch nicht bezeichnen. Tagsüber brauchen sie zudem viele Ruhepausen. Generell bevorzugen sie die Abend- und Nachtstunden für ihre Aktivitäten. Erklären Sie Kindern dieses Verhalten schon im Vorfeld, damit es zu keinen tränenreichen Enttäuschungen kommt.

Gruppenhaltung Grundsätzlich sollten Farbmäuse nur in Gruppen mit Artgenossen gehalten werden. Andere Heimtiere oder der Mensch sind kein gleichwertiger Ersatz für deren Gesellschaft. Aufgrund ihrer hohen Fruchtbarkeit empfehle ich Ihnen, nur Gruppen gleichen Geschlechts zu halten oder aber das Böckchen rechtzeitig vom Tierarzt kastrieren zu lassen.

Freilauf Da Mäuse zu den Nagetieren gehören, nehmen sie im Freilauf unter Umständen gerne einmal eine kleine »Nageprobe« von Ihrer Wohnungseinrichtung. Wenn Sie das verhindern möchten, sollten Sie sich rechtzeitig alternative Auslaufmöglichkeiten überlegen.

Urlaub Eine Urlaubsbetreuung für Ihre Schützlinge sollten Sie ebenfalls frühzeitig einplanen. Idealerweise machen Sie die Person schon vorher mit Ihrer Mäusefamilie bekannt und geben ihr einen »Steckbrief« mit allen Besonderheiten an die Hand.

Mäuse-**Steckbrief**

ALLES WICHTIGE – KURZ NOTIERT

GRÖSSE	Die Kopf-Rumpf-Länge liegt bei 7,5–10,3 cm. Der Schwanz nimmt zusätzlich 7,2–10,2 cm ein.
GEWICHT	Eine ausgewachsene Maus wiegt etwa 20–50 g.
LEBENS-ERWARTUNG	1½–2 Jahre (maximal bis zu 4 Jahre)
GESCHLECHTS-REIFE	Mäuseweibchen werden mit etwa 28–46 Tagen geschlechtsreif, Böckchen brauchen durchschnittlich 6–8 Tage länger.
TRAGZEIT	21–23 Tage (maximal 18–24)
WURFGRÖSSE	6–8 Jungtiere (höchstens 4–12)
ZÄHNE	Mäuse besitzen auf jeder Seite und jedem Kiefer einen Schneidezahn sowie dahinter drei Backenzähne.
TEMPERATUR	38,5–39,5 °C
ATMUNG	ca. 200 Atemzüge/min
HERZFREQUENZ	etwa 320–840 Schläge/min

Welche Mäuse gibt es?

Die Vorfahren unserer Farbmäuse sind gewöhnliche Hausmäuse. Ihnen hat ihr unscheinbar grau bis bräunlich getöntes Fell in der Natur das Überleben gesichert. Im Unterschied zu ihnen werden Farbmäuse von Menschen gehalten – und diese haben durch Zucht dafür gesorgt, dass eine große Vielfalt an Fellausprägungen und Fellfarben entstand.

Die Fellvarianten

Farbmäuse werden von Züchtern in vier Sektionen eingeteilt: Kurzhaar, Satin-Kurzhaar, Kurzhaar-Rosetten und Satin-Kurzhaar-Rosetten.

› Unter »Satinfell« versteht man eine beliebte Fellveränderung, die 1955 durch Mutation entstanden ist. Durch den Satinfaktor glänzt das Fell sehr schön, was die Farbe erst richtig zur Geltung bringt.
› Rosetten-Farbmäuse besitzen einen abstehenden Kamm aus Haaren, der von der Mitte des Körpers bis zum Schwanzansatz verläuft. Auf jeder Hüfte befindet sich ein runder Haarwirbel.

Die Farbschläge

Nach der Einteilung in Fellvarianten werden Mäuse noch weiter nach Farben geordnet. Mit »Self«, »Ticked«, »Tan«, »Fox« und »Colourpointed« werden die jeweiligen Farbvarianten beschrieben, mit »Marked« die jeweiligen Zeichnungsvarianten. Bei den Zeichnungen handelt es sich um die Kombination von einer bestimmten Farbvariante mit weißen Fellbereichen, die zu unterschiedlichen Formen und Mustern führen.

Hobby- und Profizüchter

Sie sehen: Es ist nicht ganz einfach, alle auftretenden Varianten in übersichtliche Kategorien einzuteilen. Für Züchter ist es deshalb auch schwierig, gesunde Mäuse bestimmter Linien nach den dafür obligatorischen Richtlinien zu vermehren. Der Deutsche Mäuse-Rassezuchtverein Muroidea e. V. (DMRM) hat im Jahr 2005 für Deutschland eine erste Einteilung der dafür notwendigen Rasse-

Farbmäuse gibt es in einer Vielzahl von Fell- und Farbvarianten. Jede Maus ist deshalb einfach immer einzigartig.

Von wegen »graue Maus« – diese Fellfarbe wird unter Mäusekennern als »blau« bezeichnet. Objektiv gesehen ist es aber doch eher ein Grauton.

Echte Schecken: Gescheckte Mäuse besitzen ein mehrfarbiges Fellkleid. Eine Farbe davon ist grundsätzlich weiß.

standards erstellt. Im Zuge dieser Regelung wurden auch die Voraussetzungen festgelegt, die ein Farbmauszüchter erfüllen muss, um als anerkannter Farbmauszüchter zu gelten.

Natürlich sind aber gesunde »normale« Mäuse genauso niedlich und liebenswert wie echte Rassemäuse. Solange bei der Vermehrung von Farbmäusen verantwortungsbewusst gehandelt wird und das nötige Wissen über die Vererbungsregeln beim Liebhaberzüchter vorhanden ist, spricht meiner Meinung nach nichts gegen gelegentliche private Nachzucht. Die Zeichnungen der daraus hervorgehenden Mäuse sind oft interessant und lustig – das hört man schon aus Bezeichnungen wie Dalmatinermaus oder Zebramaus heraus.

Qualzuchten

Nur durch eine verantwortungsvolle und kontrollierte Züchtung wird meiner Ansicht nach die Gesundheit der Tiere geschützt. Und was ebenso wichtig ist: Es werden Qualzuchten vermieden. Da-

runter versteht man Farbmäuse mit angezüchteten Erbleiden. Es versteht sich von selbst, dass man solche Tiere auf keinen Fall kaufen sollte! Trauriges Beispiel dafür ist die *Japanische Tanzmaus*. Durch eine Missbildung der Hypophyse sind schon junge Tiere taub und zwergwüchsig. Sie führen zusätzlich zwanghaft abnorme Schüttel- und Kreisbewegungen aus. Die *Singmäuse* gehören ebenfalls zu den Qualzuchten. Durch eine Missbildung im Atmungsapparat klingt es so, als würden sie pfeifen oder zwitschern. Neben diesen besonders schlimmen Formen der Qualzucht werden *Langhaar- und Lockenmäuse* inzwischen kontrovers diskutiert: Vor allem bei Lockenmäusen treten gelockte Tasthaare auf, die die Maus bei der Orientierung im Raum behindern. Zusätzlich können die gekräuselten Wimpern ins Auge wachsen und zu Bindehautentzündungen führen. Rein rotfarbige Mäuse mit dunklen Augen sollte man nur von seriösen Züchtern kaufen, da bei ihnen eventuell eine kaum regulierbare Fettleibigkeit vererbt wird.

Mäuse im Porträt

Ihren Namen trägt die Farbmaus ganz zurecht, denn
die Vielfalt an Farbvarianten ist unbeschreiblich groß.
Zusätzlich gibt es noch zahlreiche Fell- und Zeichnungsvarianten, die jedes Tier zu einem Unikat machen.

LANGHAAR-MAUS Deutlich
sind am ganzen Körper die langen Fellhaare zu erkennen. Es
gibt nicht nur Schecken, sondern
eine Vielzahl von Farbvarianten.

KURZHAAR-SCHECKE Diese
häufigste Farbmaus-Variante
kommt in den verschiedensten
Farben und Zeichnungen vor. Zusätzlich unterscheidet man die
Tiere nach der vorhandenen oder
fehlenden Symmetrie ihrer Farb-
flecken im Fell.

TAN-MAUS Die offizielle Bezeichnung dieser hübschen
Farbmaus lautet »Chocolate
Tan«. Die Bezeichnung »Tan«
bedeutet, dass der Bauch der
Maus vom Kinn bis zur Schwanzwurzel rötlich gefärbt ist.

SATIN-MAUS Diese champagnerfarbene Maus besitzt durch den Satin-Faktor ein auffallend glänzendes Fell. Unter Züchtern heißt diese Variante mit roten Augen »Champagne Tan«.

STREIFENMAUS Ist die Zeichnung streifenartig, so wird das »banded« genannt. Hier handelt es sich streng genommen um eine rote Maus mit weißen Flecken.

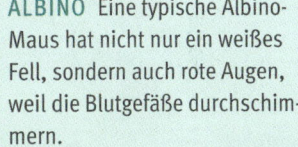

ALBINO Eine typische Albino-Maus hat nicht nur ein weißes Fell, sondern auch rote Augen, weil die Blutgefäße durchschimmern.

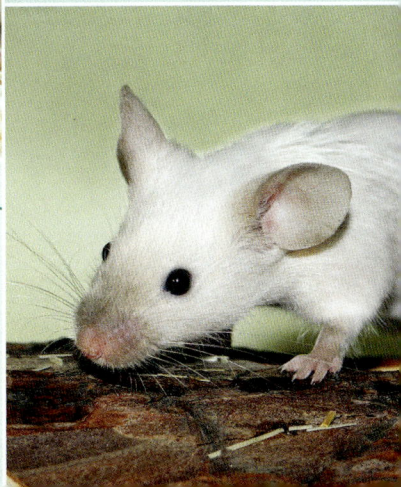

SCHWARZE MAUS Bei dieser hübschen Farbvariante ist das Fell einheitlich schwarz. Auch Ohren und Schwanz sind relativ dunkel gefärbt.

SIAM-MAUS Ähnlich wie die Siam-Katze hat diese Maus dunkle Fellpartien an Nase, Ohren, Füßen und Schwanz.

Auswahl und Kauf

Mäuse zu finden ist normalerweise nicht schwer. Bevor Sie sich aber auf den Weg machen, um Ihre neuen Mitbewohner auszusuchen, sollten Sie sich vorher gut informiert und ein gemütliches Mäuseheim eingerichtet haben.

Egal ob Sie sich für Zoofachhandel, Tierheim oder private Hand entscheiden: Nehmen Sie sich ausreichend Zeit für die Auswahl und kaufen Sie nur dort Ihre Mäuse, wo die Tiere auch artgerecht und mög-

lichst nach Geschlechtern getrennt gehalten werden. Auf keinen Fall sollten Sie Farbmäuse über einen Versandhandel bestellen.

Mauskauf ist Vertrauenssache

Zoofachhandel Jedes gut sortierte Zoofachgeschäft bietet Mäuse unterschiedlichster Farbvarianten an und berät gern bei der Wahl. Kontrollieren Sie lieber einmal mehr das Geschlecht der Mäuse, damit Sie später keine Überraschung erleben. Sie wären nicht der erste frischgebackene Mäusehalter, der mit ungeplantem Nachwuchs konfrontiert wird.

Züchter In Fachzeitschriften und Tageszeitungen können Sie sich einen Überblick über privat angebotene Farbmäuse verschaffen. Inzwischen ist die Zahl der Profi- und Hobbyzüchter für Mäuse recht groß geworden. Der Vorteil von Tieren aus privater Hand besteht für Sie darin, dass diese häufig schon zahm sind. Oft sind seltene Farbschläge privat eher zu bekommen. Auch hier gilt: Stets die Tiere selbst aussuchen und das Geschlecht kontrollieren!

Tierheim Im örtlichen Tierheim nachzufragen ist in jedem Fall eine gute Idee. Damit handeln Sie im Sinne des Tierschutzes. Die Nager sind dort in der Regel an ihre Gruppe gewöhnt und dankbar, wenn sie ein schönes neues Zuhause bekommen. Der Nachteil für Sie: Manche der angebotenen Tiere können etwas älter sein und Sie müssen sich schon wieder früher von ihnen verabschieden.

Täglich frisch, bitte! Mäuse trinken zwar nur winzige Mengen Wasser, dennoch ist ein regelmäßiger Trinkwasserwechsel angesagt.

Mit Herz und Verstand

Was Sie bei der Auswahl der Tiere beachten sollten:
› Entscheiden Sie vorher, wie vielen Tieren Sie ein neues Zuhause geben möchten. Für Mäuse-Anfänger ist eine Gruppe von beispielsweise zwei bis drei Mäusen empfehlenswert.
› Verwandte Tiere oder Mäuse, die bereits von Geburt an miteinander aufgewachsen sind, vertragen sich meiner Erfahrung nach auf Dauer besser als fremde Tiere. Die Farbzeichnung hat keinen Einfluss darauf, ob sich die Tiere verstehen.
› Damit Sie möglichst lange Freude an den neuen Hausbewohnern haben, sollten die Mäuse beim Kauf ein Alter von etwa fünf bis acht Wochen haben. Allerdings können Jungtiere auch schon mit 22 bis 25 Tagen von der Mutter getrennt werden. Ältere Tiere sind manchmal an einem insgesamt dickeren Körperbau zu erkennen.
Mäusebabys sind zwar niedlich anzuschauen, aber geeignete Abnehmer für sie zu finden ist sehr schwer. Daher rate ich unbedingt dazu, Mäuse getrennt nach Geschlechtern zu halten, wenn Sie den Nachwuchs nicht behalten können.

Männchen oder Weibchen?

Das ist keine leichte Entscheidung! Wofür man sich entschließt, bleibt aber letztlich dem persönlichen Geschmack überlassen.
Mäuseböckchen haben den Ruf, schneller zahm zu werden, riechen jedoch dafür etwas strenger. Zudem kommt es unter ihnen häufiger zu Rangeleien, wenn sie ihre Rudelposition ausfechten, als bei Weibchen. Lassen Sie sich bei der Entscheidung für Männchen oder Weibchen am besten von Ihrem Gefühl leiten! Wichtig ist nur, dass die Nager stets in einer Gruppe gehalten werden. Nur in der Gemeinschaft mit Artgenossen fühlt sich eine Maus

Die ideale Transportbox besteht aus hartem Kunststoff, ist lichtdurchlässig und hat im Deckel ein großes Lüftungsgitter.

So erkennt man eine **gesunde Maus**

ERSCHEINUNG Der Nager besitzt ein sauberes und glänzendes dichtes Fell, es gibt keine Verklebungen rund um Auge, Nase oder After. Der Körper erscheint schlank und wendig, die Augen haben einen klaren Blick. Die Bewegungen erfolgen sicher und geschmeidig, alle Kletterversuche werden geschickt und trittsicher ausgeführt.

VERHALTEN Die Maus zeigt Interesse an ihrer Umgebung, läuft flink im ganzen Käfig umher und verfolgt stets aufmerksam das Geschehen rings um sie herum. Die Nase nimmt gelegentliche Geruchsproben vom Boden sowie aus der Luft auf. Angebotene Leckerbissen werden unmittelbar angenommen und verteidigt. Gelegentlich werden Urinmarkierungen abgesetzt.

Beobachten Sie vor dem Kauf jede der kleinen Fellnasen genau: Unterziehen Sie jede einem kurzen Gesundheitscheck.

wohl, denn erst so kann sie ihre typischen Mausverhaltensweisen ausleben. Selbst der fürsorglichste Halter kann den Mäusepartner nicht ersetzen! Auf Seite 35 finden Sie Tipps, wie Sie die Gruppenzusammensetzung Ihrer zukünftigen Hausbewohner optimal gestalten.

Der kleine Unterschied

Damit es später nicht zu unangenehmen Überraschungen kommt, sollten Sie sich selbst bei der Auswahl vom Geschlecht der Mäuse überzeugen. Sicher ist sicher! Auch wenn Zoofachhändler oder Züchter in der Bestimmung sicherlich viel Erfahrung besitzen, ist es gut, selbst einen Blick auf die Bauchunterseite zu werfen. Darauf ist zu achten:
› Der Abstand zwischen After und Genitalöffnung ist bei Weibchen etwa um die Hälfte kürzer als bei Mäuseböckchen.

› Ausgewachsene Männchen erkennt man an den länglichen Hoden, die sich bis zum After erstrecken.
› Häufig sind die Böckchen vom Gewicht her schwerer als die Weibchen.

Gesundheitscheck

Jede Maus sollte vor der Kaufentscheidung einem kleinen Gesundheitscheck unterzogen werden. Der ist glücklicherweise nicht allzu schwer und kann auch leicht von Mäuse-Anfängern durchgeführt werden.
Beobachten Sie zu diesem Zweck die Mäuse einige Minuten ganz in Ruhe. Greifen Sie dabei nicht in das Geschehen im Käfig ein. Stellen Sie sich dann folgende Fragen:
› Ist das Fell der Nager glatt, glänzend und ohne Verkrustungen?
› Befinden sich Kotverklebungen insbesondere in der Aftergegend? Sie können ein Hinweis auf Verdauungsprobleme der Maus sein.
› Sind die Augen und die Nase ohne Ausfluss und zeigen keinerlei Verklebungen? Erkältungskrankheiten sind bei Mäusen stets ernst zu nehmende Erkrankungen und zudem noch ansteckend.
› Wie verhält sich der kleine Nager? Zeigt er sich neugierig und aufmerksam, ist das ein gutes Zeichen. Kranke Tiere wirken häufig unnatürlich ruhig und liegen apathisch in einer Käfigecke.

Transport ins neue Heim

Wenn Sie Ihr Dreamteam ausgewählt haben, können Sie den Einzug der Zwerge in ihr neues Zuhause sicher kaum erwarten. Für den Transport möchte ich Ihnen einige Tipps geben, damit die Tiere heil zu Hause ankommen. Schließlich ist eine solche Veränderung für Mäuse echter Stress und sollte so behutsam wie möglich durchgeführt werden.

Zunächst einmal sollte der Transportkäfig mit Bedacht ausgewählt werden. Bitte verwenden Sie keine Pappkartons, Dosen oder offene Behälter! Im Zoofachhandel finden Sie gut geeignete kleine Transportkäfige aus Hartplastik, die mit Lüftungsgittern versehen sind.

Der Transport sollte nicht an extrem heißen Tagen erfolgen und die Autofahrt nicht allzu lange dauern, denn Farbmäuse sind sehr hitzeempfindlich. Im Winter kann die Transportbox mit einem Handtuch oder einer Decke umwickelt werden. Für diese kurze Zeit brauchen die Tiere nicht unbedingt Futter oder Wasser. Ein paar Körner, in der Streu vermischt, sorgen allerdings für Ablenkung.

Maus und Katze – geht das?

Für Hunde und Katzen stellen Mäuse Beutetiere dar. Beim Freilauf der Mäusebande sollte das Zimmer also tabu für beide Arten sein. Eine Haltung in der selben Wohnung ist möglich, wenn für die Mäuse ein stressfreier Platz gewährleistet ist, vor dem Hund und Katz nicht permanent mit hungrigem Blick sprungbereit verharren können.

Mit Meerschweinchen vertragen sich Farbmäuse problemlos beim Freilauf. Von einer Haltung unterschiedlicher Heimtierarten in einem gemeinsamen Käfig ist jedoch auf jeden Fall abzuraten. Jede Tierart besitzt nämlich ihr eigenes Verhaltensrepertoire und eine eigene Sprache, deren Äußerungen jeweils anders interpretiert werden. Das würde zu Dauerstress auf beiden Seiten führen.

Mäuse und Kinder

Für Kleinkinder sind Farbmäuse ungeeignet, weil ihnen gerade beim Zugreifen noch das nötige Feingefühl fehlt. Grundschulkinder sind dagegen schon in der Lage, mit den Nagern umzugehen und ge-

wisse Aufgaben in der Pflege zu übernehmen. Für sie ist die Haltung einer Mäusefamilie sicherlich ein ganz tolles Erlebnis und in jedem Fall empfehlenswert. Trotzdem sollten Sie Mäuse niemals unvorbereitet als Überraschungsgeschenk zum Geburtstag mitbringen.

Als Erwachsener sollten Sie sich immer darüber im Klaren sein, dass letztendlich nur Sie selbst die eigentliche Verantwortung für das Wohlergehen der Tiere tragen und dass an Ihnen auch die meiste Arbeit hängen bleiben wird. Klären Sie Ihre Kinder außerdem frühzeitig darüber auf, dass die kleinen Fellknäuel nur eine – aus unserer Sicht – kurze Lebenserwartung haben.

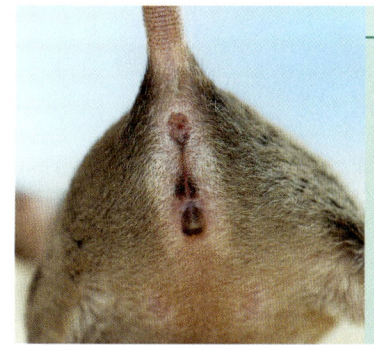

1 TYPISCH WEIBCHEN Der Abstand zwischen dem After und der Genitalöffnung beträgt bei Mäusedamen nur einige wenige Millimeter.

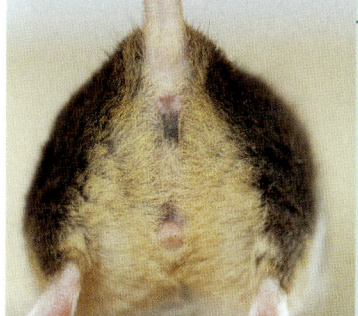

2 TYPISCH MÄNNCHEN After und Genitalöffnung liegen weiter auseinander. Die Hoden sind nur bei erwachsenen Tieren deutlich erkennbar.

Mäuseheim nach Maß

Niemals ist eine Behausung zu groß! Das sollten Sie bei der Wahl des Mäuseheims immer im Hinterkopf haben. Entscheiden Sie sich lieber gleich von Anfang an für die größtmögliche Käfigvariante. Nur in einem geräumigen, abwechslungsreich eingerichteten Lebensraum zeigen Farbmäuse alle Facetten ihres Verhaltens und bleiben gesund.

Gitterkäfige

Den Klassiker unter den Mäuseheimen gibt es im Zoofachhandel in unterschiedlichsten Größen, Farben und Formen zu kaufen.

Größe Bei der Auswahl sollten Sie für eine Gruppe von zwei bis drei Mäusen eine Käfigfläche von mindestens 80 × 40 Zentimeter sowie eine Höhe von 40 Zentimeter kalkulieren. Mehrere Etagen, die durch kleine Treppen miteinander verbunden sind, können häufig schon mit dem Käfig zusammen gekauft werden. Durch diese Aufteilung wird die spätere Innengestaltung beträchtlich erleichtert.
Etagen aus Holz sehen schöner aus als solche aus Kunststoff. Holz nimmt jedoch im Laufe der Zeit den Geruch des Mäuseurins an und die Platten müssen deshalb häufiger ausgewechselt werden.
Gitter Die Stäbe dürfen nicht zu weit auseinanderstehen, damit die Mäuse nicht hindurchschlüpfen können. Der ideale Abstand beträgt nicht mehr als 7 Millimeter. Um Halt beim Klettern zu bieten, sollten die Gitterstäbe waagerecht verlaufen.
Bodenwanne Eine hohe Bodenschale aus Kunststoff sorgt dafür, dass die Tiere die Einstreu und die Futterreste beim Buddeln nicht aus dem Käfig katapultieren. Sie sollte einfach abnehmbar und schnell mit Wasser zu reinigen sein.

Vogelvolieren

Handelsübliche Vogelvolieren sind meist größer als Nagerkäfige. Sie bieten somit viel Platz für eine phantasievolle Einrichtung. Da sie in der Regel auch sehr viel höher sind, sollten die Etagen im Käfig so geschickt angebracht werden, dass die Tiere nicht

Freeclimbing für Mäuse: Im Mäuseheim sollte genügend Platz für Kletterspielzeug verschiedenster Art eingeplant werden.

Sauberkeitstraining: Nicht jede Maus ist für solch eine Toilettenecke zu begeistern. Einen Versuch ist es jedoch immer wert.

Mäuse lieben es, durch enge Röhren zu krabbeln. Sie vermitteln ihnen ein Gefühl von Sicherheit. Außerdem kann man darin prima mit der Familie kuscheln!

aus Versehen von der obersten Etage bis ganz nach unten auf den Boden fallen können. Sonst besteht akute Verletzungsgefahr!

Aquarium und Terrarium

Ein Aquarium oder ein Terrarium kann unter Umständen eine schöne Mäusewohnung werden. Der Vorteil dieser Haltungsform liegt auf der Hand:

› die Tiere lassen sich gut beobachten,
› die Einstreu kann nicht herausgescharrt werden.

Volumen und Höhe Ich empfehle ein Mindestvolumen von 100 Liter. Die Höhe sollte 35 Zentimeter nicht überschreiten, da sonst nicht genug Luft in den »Glaskasten« gelangt. Feuchtigkeit und Ammoniak können sich außerdem am Boden sammeln und die Atemwege der Mäuse reizen. Inzwischen gibt es speziell für Nager entwickelte Terrarien. Bei ihnen sorgen besonders große Lüftungsgitter für eine ausreichende Luftzirkulation auch bei höheren Glaswänden. Die Lüftungsgitter von Amphibien- und Reptilien-Terrarien sind in jedem Fall zu klein.

Schallübertragung Die Akustik in den Glaswänden ist für das Mäuseohr etwas gewöhnungsbedürftig. Dieser Nachteil kann durch eine Abdeckung aus engmaschigem Draht abgemildert werden.

Abdeckung Terrarien mit geschlossenen Abdeckungen sowie integrierter Beleuchtung sind wegen der Hitzeentwicklung und der ungenügenden Luftzirkulation zur Mäusehaltung nicht geeignet.

Mäuse-WC gefällig?

KLEINE NAGER-ECKTOILETTEN aus Plastik sind im Zoofachhandel erhältlich. Manche Mäuse nehmen sie gerne an. Befüllen Sie diese mit einer hohen Sandschicht. Handelsüblicher Vogelsand eignet sich dazu gut. Katzenstreu darf für Nagertoiletten nicht verwendet werden, da sie bei einer eventuellen Aufnahme mit der Nahrung im Magen der Maus verklumpen kann.

Die richtige Ausstattung

Das Mäuseheim einzurichten macht jedem Mäuse-fan eine Menge Spaß. Phantasie und Planung sind dabei gefragt. Ihre neuen Hausbewohner werden Ihnen Ihre Mühe mit begeisterten Kletterübungen und treuer Freundschaft danken. Je vielseitiger und interessanter die Innengestaltung des Nagerheims ist, desto mehr zeigen Mäuse ihre Fähigkeiten. Sie lieben es zu klettern, sich in kleinen Höhlen zu ver-stecken oder ihre Geschicklichkeit auf einem Seil unter Beweis zu stellen.

Unterschlupf Zunächst einmal braucht die Mäu-sefamilie ein eigenes kleines Kuschelheim in Form eines Häuschens aus Kunststoff, Keramik oder Holz. Pro Familienmitglied sollten Sie mit einem Unter-schlupf rechnen, damit sich jedes Tier auch einmal allein zurückziehen kann.

Einstreu Handelsübliche Kleintiereinstreu aus Hobelspänen eignet sich gut für das Mäuseheim. Sie sollte in einer Höhe von mindestens 3 bis 4 Zen-timetern eingestreut werden. Wer allergisch auf Staub reagiert, sollte auf klein pelletierte Mais- oder Hanfeinstreu zurückgreifen. Zeitungspapier oder Sägemehl gehören nicht in den Mäusekäfig!

Polsterung Farbmäuse lieben es, ihr Häuschen gemütlich auszupolstern. Bieten Sie ihnen dafür

> Trotz gelegentlichen Freilaufs in der Wohnung sollte den Kleinen ein mäusegerechtes Laufrad im Käfig angeboten werden. Eine durchgehende Lauffläche verhindert, dass die Winzlinge sich verletzen.

Streifen von unparfümierten Papiertaschentüchern oder Küchenpapier an, die Sie in den Käfig und ins Häuschen legen. Eine Extraportion weiches Heu wird ebenfalls gerne angenommen. Die »Feinarbeit« beim Auspolstern übernehmen die Nager dann ganz allein. Hamsterwatte ist für Mäuse ungeeignet, da sie darin hängen bleiben und sich ihre Gliedmaßen verletzen können.

Futternapf Standfeste Schüsseln aus Keramik oder Steingut fürs Körnerfutter und ein kleines Tellerchen für Obst und Gemüse gibt es in jedem Zoofachhandel in großer Auswahl.

Trinkflasche Die Trinkflasche sollte von außen am Käfig oder im Aquarium an der Gitterabdeckung befestigt werden. Vor dem Kauf sollten Sie den Nippel auf seine Funktionstüchtigkeit überprüfen!

Laufrad Mäuse sind bewegungsfreudige Tiere. Sie freuen sich über einen gelegentlichen Freilauf in der Wohnung. Daneben rate ich Ihnen auf jeden Fall zu einem mäusegerechten Laufrad mit einer durchgehenden Lauffläche aus Metall, Sisal oder Kunststoff, um Verletzungen der Gliedmaßen zu verhindern. Vermeiden sollten Sie Querverstrebungen, denn darin können sich die Mäuse ebenfalls wehtun. Quietschende Laufräder sind mit einem Klecks Vaseline oder Melkfett schnell wieder leise.

Der beste Platz

Der Käfigstandort ist von großer Bedeutung. Ideal ist eine zugfreie Umgebung, das Gehege sollte sich etwa auf Augenhöhe befinden. Niemals darf der Käfig auf dem Boden stehen, denn die Tiere reagieren aufgrund ihrer Entwicklungsgeschichte panisch auf Gefahr von oben. Die direkte Nähe einer Heizung ist zu vermeiden, da Mäuse hitzeempfindlich sind. Ideal ist eine Temperatur von 16 bis 24 °C.

Gefahren im Haushalt

TIPPS VON
DER MÄUSE-EXPERTIN
Alexandra Beißwenger

TEMPERATUREN Das Mäuseheim darf nie in der prallen Sonne oder direkt neben einer Heizung stehen. Mäuse reagieren sehr empfindlich auf hohe Temperaturen und sterben schnell an einem Hitzschlag. Ebenso wenig dürfen sie über längere Zeit kalten Temperaturen oder Zugluft ausgesetzt sein, denn Erkältungskrankheiten sind sehr gefährlich für Mäuse.

MÖBEL Türen von Möbeln sowie Fenster sollten während des Freilaufs stets sicher verschlossen bleiben. Die Nager können sich sonst Gliedmaßen und Körper einklemmen.

PFLANZEN Zimmerpflanzen werden von Mäusen gerne benagt, sind aber oft giftig. Bitte diese im Zweifelsfall vor dem Freilauf an einen für die Nager unerreichbaren Platz stellen.

VERBRENNUNGEN Durch Kontakt mit Kerzen, Zigaretten und Elektrogeräten können die Tiere schlimme Verbrennungen erleiden. Knabbern an einem Stromkabel verursacht meist einen tödlichen Stromschlag. Bleibt der Schaden unbemerkt, kann es zu einem Kurzschluss kommen.

Wohnliches Mäuseheim

Nusshaus

Ein Unterschlupf pro Maus sollte im Mäuseheim eingeplant werden. Oft kuschelt die ganze Mäusefamilie aber dennoch zusammen in einem Versteck. Welchen Ort sie sich dafür aussucht, lässt sich nie voraussagen. Mäuse haben eben ganz eigene Ansprüche und Vorstellungen von ihrem Lieblingsplatz!

Nest

Diese gemütlichen Kugelnester bestehen aus Heu und Draht. Es gibt sie in vielen Formen und Größen. Ausgepolstert mit ein wenig weichem Küchenpapier sind sie wahre Kuschelecken. Neu gekauft duften sie angenehm nach Wiese.

Laufrad

Mausgerechte Geräte gibt es inzwischen aus Holz und Plastik. Bei metallenen Rädern muss die Laufläche mithilfe eines Jutebandes verkleidet werden, damit die kleinen Gliedmaßen beim Flitzen nicht hängen bleiben und womöglich verletzt werden.

Einstreu

Ob handelsübliche Einstreu aus Holzspänen oder alternativ Hanf, Stroh oder Maisgranulat – Hauptsache, alle Bestandteile sind saugfähig und bestehen aus natürlichen Materialien. Künstliche Zusätze im Streu – beispielsweise Duftstoffe – sind aufgrund der Gefahr von Allergien nicht zu empfehlen. Frisches Wiesenheu riecht wunderbar würzig.

Leiter

Spielgeräte aus Holz gibt es mit einer Vielzahl von Kombinationsmöglichkeiten aus Wippen, Leitern, Röhren oder Treppen. Ihre Mäuse werden dadurch zu abenteuerlichen Kletterpartien angeregt!

Röhre

Die ideale und kostengünstige Einrichtung für die kleinen Tunnelkrabbler! Werden sie miteinander verbunden, lässt sich aus mehreren Röhren ein tolles Tunnelsystem herstellen. Vergraben Sie die Röhren tief in der Einstreu und lassen Sie nur die Eingänge daraus herausragen – das steigert noch die Freude beim Spielen.

Trinkflasche

Diese Art von Trinkflasche tropft nicht, und das Wasser bleibt den ganzen Tag über frisch. Mäuse lernen den Gebrauch des Kugelventils sehr schnell. Bei der Befestigung sollte man darauf achten, dass die Tiere in entspannter Körperhaltung trinken können.

Freilauf für Mäuse

Ein unstillbarer Entdeckerdrang und viel Spaß an der Bewegung sind sicherlich zwei Haupteigenschaften unserer kleinen Mitbewohner. Damit es Ihren Mäusen nie langweilig wird, sollten Sie also – neben dem vielseitig eingerichteten Käfig – regelmäßig für neue Spielangebote auch außerhalb der eigenen vier Wände sorgen. Der Halter als »Spielwiese« ist übrigens ebenso begehrt wie extra Spielmöglichkeiten im Freilauf!

Idealerweise sollten Sie die Spielzeit in die frühen Abendstunden verlegen. Zu dieser Zeit sind die kleinen Fellknäuel besonders aktiv und in bester Laune. Nach etwa einer halben Stunde intensiven Spielens brauchen Mäuse eine kleine Verschnaufpause. Gut wäre es dann, wenn die Tiere im Auslauf die Möglichkeit haben, sich ganz von sich aus in ihren Käfig zurückziehen zu können. Andernfalls sollten Sie zumindest für einen mäusegerechten Unterschlupf beim Freilauf sorgen.

Das sollten Sie beachten

Regelmäßige Bewegung hält Ihre Mäuse fit! Bieten Sie den kleinen Nagern etwa einmal in der Woche den freien Auslauf an. Außerdem beugt das Training Verhaltensanomalien und Fettleibigkeit vor. Der Freilauf sollte allerdings niemals die gesamte Wohnung einbeziehen – da könnten Sie zu leicht den Überblick über all Ihre Schützlinge verlieren. In einem mäusesicheren Zimmer oder auch auf einer Tischplatte turnen die kleinen Nager gerne herum. Stellen Sie dabei möglichst viele unterschiedliche Spielgeräte auf. Gut geeignet sind kleine Brücken, Holzwippen, Pappröhren, Grasnester oder selbstgebastelte Spielgeräte.

Hindernislauf macht Spaß!

Wenn Sie die Spielgeräte in einer Reihe als Hindernisparcours aufbauen, können Sie die Mäuse mit einem Leckerchen belohnen, wenn sie alle Geräte

Mit ein wenig Geschick lassen sich aus einfachen Materialien die tollsten Spielplätze bauen.

erfolgreich erklettert haben. Sie werden dabei schnell merken, wie unterschiedlich geschickt sich jede einzelne Maus anstellt.

»Ausgang« nach Maß

Inzwischen gibt es im Zoofachhandel sogar zusammenklappbare Freilaufgehege. Diese haben den Vorteil, dass nicht gleich das ganze Zimmer mäusesicher umgestaltet werden muss und die Tiere trotzdem in einer Spielarena ihren Spaß haben können. Eine einfache Alternative ist eine große Holzkiste oder ein dickwandiger Karton mit hohen Seitenwänden, deren Inneneinrichtung Sie für einen Ausflug aus dem Alltagskäfig interessant gestalten. Darin lässt sich idealerweise eine Wühlecke mit Sand, Papierschnitzeln, Blättern und Heu einrichten, in der die Mäuse nach Herzenslust graben können, ohne dass sie sämtliches Material in ihrer Umgebung verstreuen.

Ebenso kann eine Mäuseburg tagsüber als Freilauf der Zwerge dienen. Erfahrenen Mäusehaltern ist unter bestimmten Bedingungen – wenn die Einrichtung stimmt und für die Sicherheit der Mäuse gesorgt ist – eine Haltung ihrer Fellnasen auf solch einer Mäuseburg durchaus zu empfehlen!

Baden erlaubt?

In freier Natur können Mäuse neben dem Laufen, Springen und Klettern zur Not sogar schwimmen. Häufig werde ich deshalb gefragt, ob Mäuse nicht hin und wieder ein Bad nehmen können. In der Heimtierhaltung sollten Sie das besser nicht ausprobieren, da die Tiere sich dabei sehr schnell eine gefährliche Erkältung einfangen könnten. Außerdem würden sie niemals freiwillig ins Wasser gehen. Und zur Fellpflege ist der Kontakt mit Wasser bei Mäusen eher schädlich als nützlich.

Mäuseburg für kleine Ritter

GESTALTUNG	SO WIRD'S GEMACHT
EINRICHTUNG	Auch auf der Mäuseburg dürfen Einrichtungsgegenstände wie Häuschen, Spielzeug, Futter- und Trinknäpfe natürlich nicht fehlen, wenn die Nager sich tagsüber längere Zeit dort aufhalten sollen. Klasse ist, dass die Mäuse dadurch unmittelbar am Geschehen im Raum teilnehmen.
GRUNDFLÄCHE	Ein ausrangierter Tisch wird an den Kanten mit einer etwa 10 cm hohen Plexi- oder Hobbyglasscheibe eingefasst. Wird Einstreu verwendet, sollte die Höhe der Begrenzung natürlich entsprechend höher ausfallen.
STOCKWERKE	In der Mitte der ebenen Fläche werden nun mehrere Holz- oder Kunststoffetagen aufeinander gestellt und fest verschraubt. Mit Treppen, Seilen, Leitern oder Holzbrücken können diese nun zum Klettern verbunden werden. Da die Etagen nach oben immer kleiner werden, wirkt der Aufbau wie eine Burg.
SICHERHEIT	Vergewissern Sie sich stets, dass die Mäuse, die sich auf der Grundplatte aufhalten, nicht mit Hilfe des aufgebauten Spielzeugs über die Begrenzung klettern oder darüber fallen können. Tabu sind währenddessen andere freilaufende Haustiere im gleichen Zimmer.

ALLTAG MIT MÄUSEN

Die Mäuse ziehen ein. Ängstlich schnuppernde Näschen, die aus der Transportbox spitzen, wissen noch nicht, dass sie gleich zum ersten Mal ihr neues Zuhause betreten werden …

Die Eingewöhnung

Versuchen Sie, für Ihre neuen Schützlinge den Umzug so schonend wie möglich zu gestalten. Eine mäusegerechte Transportbox versteht sich von selbst. Daneben spielen auch Faktoren wie das Wetter (hohe Luftfeuchtigkeit wirkt sich belastend auf den Kreislauf aus) oder starke Sonneneinstrahlung eine wichtige Rolle, denn Mäuse sind sehr temperaturempfindlich und können leicht einen Hitzschlag bekommen.

Der Einzug

Zu Hause angekommen dürfen die Mäuse natürlich sofort ihre fertig eingerichtete kleine Welt in Beschlag nehmen. Idealerweise wird dazu die geöffnete Transportbox einfach in den Käfig gestellt. Falls das aufgrund der Größe der Käfigtür nicht möglich sein sollte, können Sie die Öffnung der Box auch an die Käfigtür halten, bis alle Zwerge von allein ausgestiegen sind. Beobachten Sie nun das Geschehen im Käfig: Mutige Tiere werden sofort Schnupper- und Knabberproben von sämtlichen Ecken und Kanten im Käfig nehmen. Die scheueren Mitbewohner bringen sich lieber umgehend in Sicherheit und werden sich in ein Häuschen verkriechen. Vermeiden Sie ganz besonders in den ersten Stunden im neuen Heim Lärm und hektische Bewegungen. Verhindern Sie auch, dass andere Menschen den Tieren in dieser Zeit zu nahe kommen – auch wenn Ihre Kinder es kaum erwarten können. Jede Störung verlängert den Eingewöhnungsprozess! Durch diese Vorsichtsmaßnahmen können sich die Mäuse langsam an ihre neue Umgebung mit ihrer ganz eigenen Geräuschkulisse gewöhnen. Schon nach kurzer Zeit – mindestens drei Tage sollten Sie ihnen auf jeden Fall zugestehen – sind die Tiere sehr viel entspannter und Sie können mit der Zähmung beginnen.

Das Kennenlernen beginnt

Nun kann es also mit der Zähmung losgehen: Ihre kleinen Schützlinge sind wohlbehalten im neuen Mäuseheim angekommen und in den ersten Tagen schon ein wenig vertraut mit ihrer Einrichtung geworden. Der normale Tagesablauf und die Geräusche in Ihrer Wohnung sind den Nagern bekannt und erschrecken sie nicht mehr. Hin und wieder lugt bereits eine neugierige Mäusenase aus dem Häuschen oder dem Käfiggitter und scheint Interesse für die Menschenwelt zu bekunden. Das ist genau der richtige Zeitpunkt, um mit der sanften Zähmung zu beginnen!

Der Zeitpunkt muss stimmen

Zunächst einmal suchen Sie sich für den ersten Kontakt eine typische Wachphase der Tiere, etwa in den frühen Abendstunden, aus. Im Raum sollte Ruhe herrschen, leise Radiomusik stört die kleinen Mäuse jedoch nicht. Beobachten Sie die Tiere eine Weile, bevor Sie diese dann leise ansprechen.

Mit der frisch gewaschenen Hand nähern Sie sich nun dem Käfiggitter und lassen die Mäuse ein paar Minuten lang Ihren persönlichen Geruch kennen lernen. Nun öffnen Sie das Käfigtürchen, halten die Hand hinein und schauen, was passiert.

Manche Mäuse kommen schon nach kurzer Zeit vorsichtig auf Sie zu, schnuppern neugierig an Ihren Fingern und riskieren sogar mal einen kurzen Schritt auf Ihre Hand. Lassen Sie die Tiere stets selbst entscheiden, wie weit sie sich Ihnen nähern möchten. Bewegungen Ihrer Hand sollten grundsätzlich langsam erfolgen, um die Kleinen nicht zu erschrecken.

Bieten Sie nun als nächsten Schritt ein Leckerchen mit der Hand an, das lockt selbst scheuere Tiere aus ihren Schlupflöchern hervor.

Sanfte Streicheleinheiten

In der Regel gewöhnen sich Mäuse mit dieser behutsamen Zähmungsmethode recht schnell an den Geruch ihres neuen Besitzers. Sind die Zwerge dann so weit, dass sie sich zum Knabbern friedlich

Dank ihrer angeborenen Neugier werden Ihre neuen Hausbewohner schnell Interesse zeigen und den ersten Kontakt zu Ihnen aufnehmen.

auf Ihrer Hand niederlassen, können Sie versuchen, sie am Rücken, Nacken und Kopf vorsichtig zu streicheln und zu kraulen. Mäuse lieben dieses fürsorgliche Pflegeverhalten, da sie an diese Körperstellen beim Putzen selbst nicht so gut herankommen. Das sogenannte Allogrooming, also die gegenseitige Fellpflege der Tiere innerhalb der eigenen Familie, ist zudem ein wichtiger Punkt des Sozialverhaltens bei Farbmäusen. Diese Geste wird vom Menschen nachgeahmt. Dadurch verstärkt sich wesentlich die Bindung zum Halter. Eine zahme Maus können Sie dann nach Lust und Laune auf sich herumklettern lassen. Sie werden schnell merken, wie intelligent die kleinen Tiere sind.

Leckerchen erwünscht!

Haben sie beispielsweise einmal in einer bestimmten Hemdtasche ein Leckerchen gefunden, werden die Mäuse auch beim nächsten Kletterbesuch auf dem Menschen am selben Ort wieder Anspruch auf ihre Belohnung anmelden. Dieses antrainierbare Verhalten von Farbmäusen können Sie verstärken, indem Sie wie eine Art Zirkusdompteur Ihren Zwergen kleine Kunststücke beibringen. Mäuse können mitunter an Gegenständen hinauf- und wieder hinunterklettern oder über ein schmales Brettchen bzw. Seil laufen, um anschließend von Ihnen mit einer Erdnuss belohnt zu werden.

Jede ist anders …

Bedenken Sie stets, dass jede Maus ein Individuum ist. Nicht alle Tiere werden gleich anhänglich. Meiner Erfahrung nach werden die Böckchen etwas schneller zutraulich als die Weibchen. Trotz größter Geduld kann es passieren, dass eine Maus scheu bleibt, besonders dann, wenn sie schon schlechte Erfahrungen mit Menschen machen musste.

So klappt die **Zähmung**

TIPPS VON
DER MÄUSE-EXPERTIN
Alexandra Beißwenger

Nehmen Sie sich Zeit für die Zähmung der Mäuse. Es kann einige Tage dauern, bis die Zwerge Zutrauen zu Ihnen gewonnen haben.

TELEFONFREIE ZONE Eine ruhige Umgebung ist bei der Beschäftigung mit den Mäusen das A und O. Telefon- oder Handy-Klingeltöne stören nur und verunsichern die Tiere wegen ihrer hohen Tonfrequenz.

DUFTLOS GLÜCKLICH Küchen- oder Essensgerüche sowie Duftlampen sind ebenfalls nichts für die feinen Spürnasen. Vor der Beschäftigung mit Ihren Mäusen sollten Sie sich daher stets die Hände waschen. Verwenden Sie dabei aber bitte keine stark parfümierten Seifen oder gar Parfüm oder Eau de Toilette.

VERTRAUENSPERSON Besonders am Anfang sollte sich immer dieselbe Person um die Zähmung der Tiere bemühen. Auf diese Weise gewinnen die Mäuse sehr viel schneller das Zutrauen zum Menschen. Sind die Tiere erst einmal zahm geworden, gewöhnen sie sich problemlos auch an weitere Personen.

An die Hand gewöhnen

Viele Farbmäuse sind nach einiger Zeit so zahm, dass sie schon freudig ganz von allein auf die Hand hüpfen, sobald sich die Käfigtür öffnet. Manche hingegen trauen sich nur bis an die Finger heran, verschwinden jedoch nach dem Sichern des Leckerchens sofort wieder. Sollten Sie solche Tiere während der Käfigreinigung einmal herausnehmen müssen, so »schaufeln« Sie sie von beiden Seiten mit den Händen vorsichtig auf.

Falls Sie eines Tages in die Situation geraten sollten, ein sehr scheues oder krankes Tier aus dem Käfig holen zu müssen, so verwenden Sie die Gefäßmethode zum schonenden Einfangen. Dazu wird ein Glas, Würfelbecher oder eine Papröhre vor die Maus gehalten, in die sie entweder von alleine klettert oder in die man sie vorsichtig hineinschiebt. So verbindet der Nager das ungeliebte Einfangen nicht mit Ihrer Hand und Sie können ihn trotzdem sicher hochnehmen.

Sollte diese Methode nicht funktionieren, können Sie im Ausnahmefall die Maus auch mal am Schwanz, und zwar nahe der Schwanzwurzel, hochheben. Das ist für die Kleinen zwar nicht schmerzhaft, jedoch etwas unangenehm. Im Nacken sollten Sie Farbmäuse niemals greifen, da die Gefahr besteht, die Tiere zu würgen. Eine scheue Maus könnte außerdem beißen und für immer das Zutrauen zum Menschen verlieren.

Ergreifen Sie eine Maus niemals plötzlich von oben! Eine solche Annäherung aus der Luft löst bei den kleinen Nagern einen instinktiven Fluchtreflex aus, der ihnen in freier Natur das Leben vor Greifvögeln rettet. Diese jagen nämlich mit diesem Verfahren ihre Beutetiere, zu denen insbesondere Mäuse gehören – das wäre dann der beste Weg, um eine Maus gegenüber dem Menschen für immer scheu werden zu lassen. Manche Tiere geraten bei einem solchen Vorgehen auch derart unter Schock, dass sie kräftig beißen.

Mäuselift mit Aussicht

Manche zahmen Mäuse finden es richtig klasse, sich in der leicht geöffneten Hand des Besitzers herumtragen zu lassen. Trotzdem sollten Sie mit der anderen Hand stets den »Mäuseausguck« von oben sichern, damit es zu keinem ungewollten Absturz kommt. Auch Ärmel, Jacken- oder Hosentaschen finden die winzigen Nager toll. Sie verstekken sich gerne in diesen gemütlichen Höhlen.

Mutig oder eher doch noch ein wenig ängstlich? Farbmäuse werden in der Regel schnell handzahm.

Kinder finden dieses Mäuseverhalten besonders lustig. Passen Sie aber auf, dass die Tiere nicht eingeklemmt werden oder herausfallen!

Maus weggelaufen?

Es kann immer passieren, dass eine scheue Maus wegläuft. Diese ist dann oft schwer zu finden und noch schwieriger wieder einzufangen. Gehen Sie in diesem Fall nach der Einschließmethode vor: Unterteilen Sie das Zimmer mit ausreichend hohen Brettern oder Gegenständen in vier Bereiche, in die Sie jeweils ein Schälchen mit Leckerchen stellen, und warten Sie geduldig einige Zeit ab. Sobald Sie den Aufenthaltsort der Maus dann ausgemacht haben, verkleinern Sie das Terrain, bis Sie den Nager mit Hilfe eines Gefäßes einfangen können.

1 ERSTER SCHNUPPERKONTAKT Nähern Sie sich vorsichtig und ruhig dem Mäusekäfig. Warten Sie ab, bis die Mäuse Sie registriert haben und neugierig ihre Nasen in die Luft strecken. Setzen Sie sich in Augenhöhe an den Käfig und sprechen Sie die Winzlinge leise an. Nun können Sie für eine erste Geruchsprobe Ihre Hand ans Gitter halten und warten, was passiert.

2 BEGRÜSSUNGSGESCHENK Bleiben die Tiere ruhig und aufmerksam, öffnen Sie langsam die Käfigtür. Bieten Sie einen Leckerbissen mit den Fingern an. Lassen Sie die Mäuse stets allein entscheiden, ob sie ihn annehmen oder lieber noch einmal kurz den Rückzug in den sicheren Käfig antreten. Reden Sie besänftigend auf die Zwerge ein und haben Sie Geduld!

3 EIN TOLLES TEAM Je öfter Sie nach diesem Schema auf die Tiere zugehen, desto schneller fassen die Nager Vertrauen. Schon bald klettern die Kleinen dann voller Erwartung von selbst auf Ihre Hand und fressen an Ort und Stelle ihr Leckerchen auf. Dann ist das Eis endgültig gebrochen und Sie können versuchen, die Mäuse vorsichtig an Körper und Nacken zu kraulen.

Verhalten – typisch Maus

Mäuse sind echte Familientiere! Sie lieben den Kontakt zu Artgenossen und fühlen sich nur in der Gruppe geborgen und sicher. Die gegenseitige Fellpflege, das sogenannte Allogrooming, ist dabei eine wichtige soziale Handlung. Sie stärkt das Verbundenheitsgefühl innerhalb der Familie und dient nicht nur der Reinlichkeit. Mäusemütter ziehen sogar ihren Nachwuchs gemeinsam groß und machen beim Säugen keinen Unterschied zwischen eigenen und nicht verwandten Jungen.

Neben diesem Sozialverhalten sind Mäuse vor allem aufgrund ihres äußerst putzigen und quirligen Verhaltens beliebt. Die Nager sind wahre Experten im Rennen, Springen und Klettern. Verhaltensforscher haben bei ihnen Geschwindigkeiten bis zu 12 Stundenkilometer ermitteln können – immerhin so schnell wie ein langsamer Radfahrer!

Ihre aktivsten Zeiten sind in den frühen Abendstunden. Aber auch nachts bleiben sie nicht durchgehend ruhig. Bis zu 20-mal wechseln ihre Ruhe- und Aktivitätsphasen im Laufe eines Tages ab.

Glücklich nur im Familienverband

In freier Natur leben Mäuse in Großfamilien. Diese bestehen in der Regel aus verschiedenen Kleingruppen, die häufig aus einem ausgewachsenen Männchen mit mehreren Weibchen zusammenge-

Bevor sich diese Maus aus ihrem Unterschlupf wagt, nimmt sie eine ausgiebige Geruchsprobe.

Mäuse zeigen ein ausgeprägtes Sozialverhalten und fühlen sich nur mit Körperkontakt richtig wohl.

setzt sind. Das Männchen wird auch »Bock« genannt. Innerhalb der Familie gibt es stets einen Chef, sozusagen den »Oberbock«. Dabei handelt es sich um das Männchen mit dem höchsten Rang. Einzeltiere werden von der Großfamilie aber dennoch nicht ausgeschlossen.

Rangkämpfe gehören dazu

Die Rangfolge der Böcke hat bei Mäusefamilien nie lange Bestand: Rangniedere geschlechtsreife Männchen fordern den Oberbock ständig heraus und fechten so eine neue Position in der Hackordnung aus. Das mag ein wenig rabiat klingen, erfüllt jedoch den Zweck, dass nur gesunde und kräftige Mäusemännchen an der Rangspitze stehen. Und nur sie dürfen den Nachwuchs zeugen. Lediglich dem Mäusechef ist es erlaubt, alle paarungsbereiten Weibchen innerhalb der Familie zu decken. Zunächst stehen sich die beiden Männchen in der sogenannten Drohhaltung aufrecht gegenüber, klopfen kräftig mit dem Schwanz auf den Boden und trommeln mit den Hinterbeinen. Nun gehen die Kontrahenten kurz aufeinander los, trennen sich und nehmen die alte Position wieder ein. Diese Verhaltensabfolge wiederholt sich mehrmals, bis einer die sogenannte Demutshaltung einnimmt. Dafür zieht der Unterlegene seine Vorderpfoten an den Körper, hält dem Stärkeren seine Kehle hin und gibt einen Pieplaut von sich. Damit gibt dieser den Kampf verloren und rutscht automatisch auf die unterste Stufe der Rangordnung. Rangkämpfe zwischen zwei Mäuseböckchen führen zum Glück nur selten zu ernsthaften Verletzungen.
Abschließend wird der Verlierer von allen anderen Männchen der Familie kurz gebissen. Somit wird die neue oder alte bestätigte Rangfolge jedem Familienmitglied verdeutlicht.

Nach einer kleinen Rangelei in der Gruppe zeigt das stärkere Tier durch Gesten, dass es in der Rangordnung höher steht als der Kontrahent.

Nicht ohne Folgen – Revierkämpfe

Ein Kampf zwischen fremden Mäusemännchen verläuft im Gegensatz zu den relativ harmlosen Rangeleien in der Familie stets äußerst aggressiv. Sobald ein fremder Bock sich auf das Gelände einer Mäusefamilie verirrt, wird versucht, ihn mit allen Mitteln zu vertreiben. Gelingt dies nicht auf Anhieb, kommt es zu einem Revierkampf. Dessen Ziel ist stets die Verletzung des Gegenübers, um ihn gewaltsam in die Flucht zu schlagen. In freier Natur kann der Eindringling dann aus dem fremden Revier flüchten. Bei einer Vergesellschaftung fremder Tiere in der Käfighaltung ist das jedoch nicht möglich. Nicht selten kommt es deshalb zu gefährlichen Verletzungen oder ein Tier stirbt aus Stress an den Folgen eines immer wieder aufflammenden Kampfes. Berücksichtigen Sie diese Tatsache unbedingt bei der Vergesellschaftung neuer Mäuse (→ Seite 34).

Vergesellschaftung – ein Thema für sich

Das Einbringen fremder Tiere zur bestehenden Mäusefamilie ist kein einfaches Kapitel in der Mäusehaltung. Durch ihr angeborenes Revier- und Sozialverhalten bedeutet ein Zusammentreffen von Mäusen mit fremden Artgenossen stets Stress. Aus diesem Grund sollte man sich einen Vergesellschaftungsversuch vorher gut überlegen, da es selbst bei günstiger Ausgangskonstellation passieren kann, dass die Nager sich auch dauerhaft nicht riechen können und ein Zusammenleben unmöglich bleibt.

So friedlich wie diese drei Freunde verhalten sich fremde Mäuse untereinander in der Regel nicht. Eine Vergesellschaftung neuer Tiere zur alten Gruppe sollte deshalb sanft erfolgen.

Nicht selten muss dann ein Tier dem Vorbesitzer wieder zurückgegeben oder ein zweites Mäuseheim eingerichtet werden.

Käfigwechselmethode

Zu Beginn werden zwei möglichst gleichgroße Käfige gesäubert und eingerichtet. Die beiden Mäusegruppen oder Einzeltiere werden zunächst für zwei Tage im jeweiligen Heim belassen, bevor es mit der eigentlichen Vergesellschaftung losgeht. Als Erstes werden nun täglich beide Parteien wechselseitig in den Käfig der anderen umgesetzt. Dabei treten sie miteinander nicht in direkten Kontakt. Die Einstreu darf in dieser Zeit nicht gewechselt werden! Nach frühestens fünf Tagen kann ein erstes Zusammentreffen der Tiere auf neutralem Terrain (zum Beispiel beim Auslauf im Zimmer) erfolgen. Auch wenn dieses Rendezvous ohne größere Probleme abläuft, werden die Tiere anschließend wieder getrennt untergebracht. Die Gruppen sollten nun weiterhin täglich die Käfige wechseln. Bei den Zusammentreffen beider Parteien im Freilauf sollte die Zeit nun stetig verlängert werden. Geht alles gut, können Sie nach etwa zwei Wochen eine Zusammenführung beider Gruppen im vorher gereinigten gemeinsamen Mäuseheim wagen. Bei heftigen Beißereien die Tiere sofort trennen und den Vergesellschaftungszeitraum verlängern!

Zusammenleben leicht gemacht

Jede Maus ist ein Unikat und reagiert auf fremde Artgenossen anders. Bevor Sie also versuchen, Ihre Mäusefamilie neu zusammenzustellen, sollten Sie die Regeln des friedlichen Zusammenlebens bei den Zwergen gut kennen.

Tut gut

+ Vergesellschaften Sie am besten miteinander verwandte Tiere, diese haben bessere Chancen, dauerhaft miteinander friedlich auszukommen.

+ In funktionierenden Böckchengruppen sollte keine Veränderung vorgenommen werde. Das geht meist schief.

+ Die Nager sollten vor der Vergesellschaftung hinsichtlich ihres Dominanzverhaltens beobachtet werden. Manche Tiere »passen« einfach nicht zueinander.

+ Reine Weibchengruppen funktionieren in der Regel gut. Die Kombination mehrerer Weibchen mit einem kastrierten Böckchen halte ich für eine optimale Gruppenzusammensetzung.

Besser nicht

− Mäuse sollten in ihrem relativ kurzen Leben möglichst nicht öfter als dreimal mit fremden Artgenossen konfrontiert werden.

− Mäuse brauchen Gesellschaft, deshalb sollten auch ältere Tiere niemals allein gehalten werden.

− Die Vergesellschaftung von fremden Mäuse-Böckchen geht fast nie gut. Selbst miteinander verwandte Männchen vertragen sich manchmal auf Dauer nicht.

− Vorsicht: Auch Gruppen von kastrierten Männchen können sich noch bis aufs Blut gegenseitig bekämpfen. Manchmal funktioniert diese Gruppenkonstellation jedoch gut.

Im Reich der Mäuse-Sinne

Die Sinne von Mäusen sind gut ausgeprägt. Das ist sicherlich das Erfolgsrezept der kleinen Nager, die sich überall so zahlreich verbreitet haben: Blitzschnell nehmen sie Gefahren wahr, und ehe man sich versieht, sind sie in Unterschlüpfen verschwunden. Ebenso geschickt verhalten sich die Zwerge beim Klettern und Balancieren: Der Schwanz dient als Balancierstab und wird beim Seiltanz mit großem Geschick ständig neu ausgerichtet. Die lange biegsame Wirbelsäule kann hoch aufgekrümmt, aber auch schmerzfrei durchgebogen werden, wie es beim Klettern von Ast zu Ast nötig ist.

Wenn sich Ihre Mäuse bei Ihnen wohlfühlen sollen, dann müssen Sie dafür sorgen, dass sie ihre Sinne auch einsetzen können und diese nicht verkümmern. Das gilt auch für die Urlaubszeit, in der Sie Ihre Mäuse nicht einfach in eine Ecke stellen können (→ Kasten).

Wie Mäuse »ihre« Welt erfahren und wie Sie beim Umgang mit ihnen auf ihre Art der Wahrnehmung eingehen können, erfahren Sie auf den folgenden Seiten.

Der Sehsinn

Durch ihre weit seitlich sitzenden runden Knopfaugen haben Mäuse ein Sichtfeld von nahezu 360 Grad. So können sie sogar Bewegungen oder Gegenstände hinter sich wahrnehmen. Ihr räumliches Sehvermögen ist dagegen wenig ausgeprägt. Die Welt erscheint in Mäuseaugen hauptsächlich in Gelbtönen und nicht sehr scharf. Schnelle Bewegungen werden daher besser wahrgenommen. Katzen machen sich diese Eigenschaft in freier Natur zu Nutze, indem sie vor dem Mäuseloch minutenlang absolut starr verharren, bis die Maus sich in Sicherheit wiegt, und dann plötzlich angreifen.

Der Geruchssinn

Der wichtigste Mäuse-Sinn überhaupt! Sowohl der Informationsaustausch als auch die Kommunikation erfolgt bei Mäusen interessanterweise fast

Mithilfe ihrer außerordentlich gut ausgeprägten Sinne hat die Maus in jeder Situation die Lage unter Kontrolle.

ausschließlich über die Nase. Der Geruch wird dabei von der im Verhältnis zur Körpergröße riesigen Riechschleimhaut in der Nase wahrgenommen, in der Unmengen von Nervenenden sitzen.
Über die sogenannte olfaktorische Kommunikation geben Mäuse Artgenossen Auskunft über ihren eigenen körperlichen Zustand, sei es Trächtigkeit, Revierzugehörigkeit oder Rangposition. Sobald zwei Artgenossen aufeinander treffen, wird daher als Erstes ein obligatorischer Geruchscheck vorgenommen, bei dem der andere zunächst als »fremd« oder »familienzugehörig« eingestuft wird.

Duftmarken setzen

Mäuse verbreiten nicht nur über das Fell einen typischen Eigengeruch: An ihren Fußsohlen sitzen Drüsen, die bei jedem Schritt winzige Mengen an Duftstoffen abgeben.
Der Urin zählt daneben zu den wichtigsten »Eigengeruchsverbreitern«: In ihm sind Proteine enthalten, die den spezifischen Geruch eines jeden Tieres speichern und nach dem Absetzen langsam – über viele Stunden verteilt – wieder freisetzen.
Mit ihrem Urin sind die Winzlinge dadurch sogar in der Lage, ganze Duftstraßensysteme zu markieren. Dominante Männchen markieren ihre Reviergrenzen bis zu 100-mal in der Stunde mit winzigen Urinportionen, Weibchen und rangniedrige Männchen hingegen nur bis zu 10-mal.
In freier Natur bilden sich durch solch häufige Urinmarkierungen, die sich mit Staub vermischen, sogenannte Kommunikationspfähle aus, die wie kleine Stalagmiten in die Höhe ragen.
Wenn ein rangniederer Bock in den Augen seines Bosses anfängt zu stark zu markieren, wird das als Herausforderung aufgefasst, und ein Rangkampf ist die Folge. Der Sieger markiert das Revier dann mit

Urlaub – was nun?	
WER HILFT?	**WAS IST ZU TUN?**
BETREUUNG	Kümmern Sie sich rechtzeitig um eine Vertrauensperson, die Ihre Tiere pflegt. Idealerweise machen Sie sie schon vor dem Urlaub mit Ihren Tieren bekannt.
VERWANDTE	Die Betreuung von Mäusen ist nicht allzu schwierig und zeitintensiv. Häufig übernehmen Verwandte für diesen kurzen Zeitraum gerne die Pflege Ihrer Tiere. Geben Sie Ihnen diesen Ratgeber zur Hand.
TIERPENSION	Viele Tierärzte betreuen ihre Patienten gegen ein geringes Entgelt in der Ferienzeit. Ebenso gibt es Tierpensionen, die für diesen Fall eingerichtet wurden.
MITNEHMEN	Liegt Ihr Reiseziel in nicht allzu großer Entfernung und sind die Wetterverhältnisse für einen Transport geeignet, dann können die Mäuse in einem kleineren Käfig ohne Probleme mitgenommen werden.

einer Extraportion Eigenduft, damit auch jedes Mitglied der Familie genauestens über seinen Sieg informiert wird.

Weibchen wählen den Erzeuger ihres Nachwuchses interessanterweise nach dessen möglichst fremden Eigengeruch aus. So wird in freier Natur Inzucht vermieden. In größeren Weibchen-Gruppen reguliert

Vermisst ein Mäusebaby die Mama, so erklingt ein flehentliches Piepsen, das die Mutter sofort aufhorchen lässt.

der Körperduft sogar den Zyklus und die Paarungsbereitschaft der Tiere. Dadurch wird in der Wildnis eine Überbevölkerung verhindert und für gute

Startbedingungen der Jungen ins Leben gesorgt. Glücklicherweise unterscheiden Mäuseböckchen die Jungen nicht nach deren Geruch, sodass sie auch fremdem Nachwuchs kein Leid zufügen.

Das Hörvermögen

Für uns mögen die leise piepsenden Laute von Mäusen recht einfach und wenig abwechslungsreich klingen. Aber weit gefehlt! Die Nager hören außerordentlich gut und verständigen sich hauptsächlich in dem für uns unhörbaren Wellenlängenbereich (Ultraschall). Sie sind fähig, Töne bis zu 100 000 Hertz problemlos wahrzunehmen. Wir Menschen hingegen hören nur Laute bis etwa 16 000, maximal 20 000 Hertz.

Durch laute Musik erschrecken Mäuse übrigens kaum, da die Töne aus unserer Menschenwelt eher als dumpf wahrgenommen werden.

Der Tastsinn

Schauen Sie sich einmal die spitze Nase Ihrer Mäuse an. Verblüfft werden Sie feststellen, dass die Winzlinge im Verhältnis zur Körpergröße enorm viele lange Tasthaare besitzen, die stets ihre Umgebung abchecken und auf Reize wie Luftbewegungen oder Berührungen reagieren. Die Tasthaare besitzen dafür an den Wurzeln empfindliche Nervenzellen, die durch die Umgebungsreize ausgelöste Lageveränderungen wahrnehmen können.

Zusätzlich verfügen Mäuse über sogenannte Sinneshärchen, die verteilt über das gesamte Fellkleid zu finden sind. Diese sind etwas länger als die normalen Fellhaare und sorgen dafür, dass die Tiere ohne Probleme durch enge und dunkle Gänge flitzen können, ohne dabei die Orientierung zu verlieren oder Gefahr zu laufen, in engen Röhren stecken zu bleiben.

Tausendsassa auf vier Pfoten

Balance halten

Unglaublich, wie geschickt die kleinen Nager von Ast zu Ast klettern, flink über ein Seil balancieren, um dann kopfüber sicher eine Holzleiter hinabzusprinten, ohne herunterzufallen.

Mäuse sind wahre Akrobaten: Ihre Fähigkeit, in jeder Situation die Balance zu halten, verdanken sie ihrem ausgesprochen gut ausgeprägten Gleichgewichtssinn. Die Nervenzellen für diesen Sinn befinden sich im Innenohr der Maus. Sie leiten an das Gehirn laufend Informationen über Lageveränderungen des Kopfes weiter. Nicht zuletzt mit Hilfe des Schwanzes, der als eine Art Balancierstange verwendet wird, sind die Tiere in der Lage, blitzschnell zu reagieren, wenn ein Verlust des Gleichgewichts droht.

Singende Mäuse

Neuere Studien über Mäuse belegen, dass Mäuseböckchen beim Werben um ein Weibchen im Schallwellenbereich von 30–110 kHz (Ultraschall) zusammenhängende Laute von sich geben. Diese Melodien weisen eine gewisse Ähnlichkeit mit menschlichem Gesang oder dem Gesang mancher Singvögel auf.

Die silbenartigen Laute, die die Mäuseriche produzieren, werden in unterschiedlichen Kombinationen wiederholt. Die so entstehenden »Mäuselieder« beinhalten sogar fest definierte Refrains.

Die Gesänge unterscheiden sich von Maus zu Maus, bleiben aber bei ein und demselben Tier gleich und werden in ähnlichen Situationen immer wiederholt.

1 TASTHAARE Die Sinneshärchen an der Nase beschreiben einen großen Bogen – so kann die Maus abschätzen, ob sie durch einen Tunnel passt.

2 KNOPFAUGEN Der Sehsinn ist relativ schwach ausgeprägt. Sich bewegende Gegenstände kann eine Maus aber erkennen – in der Natur ist das überlebenswichtig!

3 SICHERN Eine Maus, die aufgerichtet längere Zeit in dieser Pose verharrt, nimmt eine intensive Geruchsprobe aus ihrer Umgebung auf.

Spielen mit Mäusen

Mäusenasen suchen stets nach neuen Abenteuern und sind gerne in Bewegung. Das Spielen, Balgen und Entdecken der Umgebung mit Artgenossen nimmt einen hohen Stellenwert in ihrem Leben ein. Glücklicherweise werden auch Menschen sehr gern als Spielpartner akzeptiert. Mit immer neuen Ideen fördern Sie die Sinne Ihrer Mäuse und sorgen für Spaß und Unterhaltung. Selbst gemachtes Spielzeug ist einfach zu bauen und nicht teuer.

Öfter mal was Neues

Abenteuerkiste Dafür eignen sich am besten ein kleines Aquarium oder ein Pappkarton, die am Boden mit viel Buddelmaterial ausgestattet sind. Ein regelrechter Berg aus zerrupftem Küchenkrepp, Papier- oder Pappschnitzel und Heu ist dabei der Hit für flinke Farbmäuse! Arrangieren Sie zusätzlich Pappröhren, Leitern, Äste und weitere Gegenstände auf dem Spielplatz.

Über ein dickes Seil oder eine Röhre können Sie den Käfig mit der Abenteuerkiste verbinden. So kann die Mäusefamilie selbst hinüberklettern, aber auch entscheiden, wann sie eine kleine Ruhepause im eigenen Mäuseheim benötigt.

Kletterbaum Ein stabiler Ast mit mehreren Zweigen wird mit Sand oder Kies in einem Blumentopf fixiert. Kleine Leckereien werden nun auf ungefärbtes Garn gefädelt und an die kleinen Zweige des »Baumes« gehängt. Sie werden staunen, wie Ihre Mäuse plötzlich zu perfekten Akrobaten werden, um an die Leckereien zu kommen.

Iglu Über einen kleinen Luftballon werden mehrere Lagen aus feuchtem Papier gekleistert. Lassen Sie das Gebilde über Nacht trocknen. Am nächsten Tag den Ballon platzen lassen und die Papierschale auf die Form eines Iglus zurechtschneiden.

Tunnelsystem Die Röhren von Küchenpapier eignen sich gut dazu, den Tieren ein unterirdisches Labyrinth zu bauen. Diese lassen sich mit ein wenig Geschick gut ineinander stecken und in der tiefen Einstreu eingraben. In kleine, seitlich herausgeschnittene Öffnungen können weitere kleinere Pappröhren gesteckt werden.

Sockenschaukel Eine Socke oder ein Kniestrumpf werden am offenen Ende halb umgekrempelt und mit zwei Kordeln an den Seiten aufgehängt. Ein Balancier-Training für die ganze Mäusebande!

Knabberrolle Eine Pappröhre mit Leckerchen füllen und beidseitig mit Heu verschließen. Die Mäuse müssen sich so ihre Belohnung erst erarbeiten.

Kokosnuss In eine ausgehöhlte Kokosnuss werden ein Türloch und ein Deckel geschnitten. Der Deckel kann nun quasi als erhöhte Abdeckung mit Zahnstochern befestigt werden. Ein kleines Stück Kokosnussmark kann zum Knabbern in der Nussschale bleiben – ein besonderer Leckerbissen!

Vorsicht **Verletzungsrisiko**

KLEBSTOFF Entfernen Sie an Pappröhren eventuell vorhandene Kleberreste. Diese können in größerer Menge gesundheitsschädlich wirken.

STURZGEFAHR Mäuse sind zwar geschickt, einen Sturz aus größerer Höhe sollten Sie dennoch nicht riskieren. Bauen Sie vorbeugend Etagen so ein, dass die Tiere nicht allzu tief fallen.

FIT UND GESUND

Wir haben es selbst in der Hand, ob unsere Mäuse ein gesundes und artgerechtes Leben führen. Geht es unseren tierischen Hausgenossen gut, geben sie uns täglich Anlass zur Freude.

Das mögen Mäuse

Mäuse sind genügsame, überwiegend vegetarische Allesfresser. In freier Natur ernähren sie sich vor allem von Getreide, Sämereien und Gräsern. Früchte und verschiedene Gemüsesorten sind gelegentliche Beikost. Ölhaltige Nüsse oder Kerne stellen in der Natur besondere Leckereien für Mäuse dar – sie sind heißbegehrt.

Hin und wieder landet auch mal ein Käfer, eine Raupe oder Spinne auf ihrem Speiseplan. Auf gezielte Insektenjagd gehen Mäuse jedoch nicht.

In menschlicher Umgebung sind Mäuse wenig wählerisch. Wenn man sie lässt, nehmen sie von fast allen Lebensmitteln ausgiebige Kostproben. Im Lauf der Geschichte sind die kleinen Zwerge echte Überlebenskünstler geworden, die sich für nichts zu schade sind. Ebenso wenig wissen sie aber auch, welche Ernährung für sie gesund und ihnen zuträglich ist. Der natürliche Instinkt dazu fehlt ihnen. Dieser Tatsache müssen Mäusehalter sich unbedingt bewusst sein und die Ernährung verantwortungsvoll selbst zusammenstellen.

»Mit Speck fängt man Mäuse!?«

Das Gerücht, dass Käse und Speck für Mäuse unverzichtbar seien und ihre Lieblingsnascherei darstellen, hält sich tatsächlich bis zum heutigen Tage. Die Nager nehmen zwar sicherlich gern ein paar Knabberproben von diesen fetthaltigen Dickmachern, sie können aber ebenso gut darauf verzichten. Und sie sollten es auch, denn beide Lebensmittel sind in größeren Mengen und bei häufigem Genuss ungesund für sie.

Eine gesunde Ernährung ist das A und O in der Mäusehaltung. Nur durch einen ausgewogenen und abwechslungsreichen Futterplan fördern Sie die Gesundheit Ihrer Mäuse. Gleichzeitig beugen Sie Mangelerscheinungen vor.

Die Grundnahrung: Trockenfutter

Der Zoofachhandel bietet eine gute Auswahl an fertigen Körnermischungen an, die das Grundnahrungsmittel für die kleinen Nager darstellen. Achten Sie beim Kauf auf dessen genaue Zusammensetzung: Die ideale Trockenfuttermischung für Mäuse besteht aus Sämereien und Getreidearten wie Weizen, Mais, Hirse, Hafer und Gerste.

Eine kleine Menge stark fetthaltiger Samen wie Sonnenblumenkerne oder auch die eine oder andere Erdnuss darf ebenfalls enthalten sein. Zu viele Leckereien schaden aber, da Mäuse durch deren übermäßigen Verzehr schnell dick werden.

Handelsübliche Körnermischungen für Wellensittiche können Sie zusätzlich unter das Mäusegrundfutter mischen. Diese Kombination mögen die kleinen Nager besonders gern.

Bei mir hat sich eine Kombination aus beiden Grundfuttern im Verhältnis Mäusefutter/Wellensittichfutter von 2:1 über viele Jahre bewährt. Dazu mische ich noch einige geschälte Haferkörner.

Wenn Sie genügend Zeit und Freude daran haben, können Sie die Mäusegrundnahrung auch selbst an einer »Körnertheke« aus den einzelnen Getreidesorten zusammenstellen. Insbesondere bei einer größeren Gruppe von Mäusen lohnt sich das.

Hamster- oder Meerschweinchenfutter eignet sich aufgrund seiner Zusammensetzung bzw. der Größe der enthaltenen Komponenten nicht so gut zur Fütterung von Farbmäusen.

Tipp: Pro Maus sollten Sie etwa einen gehäuften Teelöffel Körnerfutter täglich rechnen.

Futterpellets – eine Alternative?

Pellets gehören zu den sogenannten Alleinfuttersorten. Das bedeutet, dass in diesen gepressten Futterstäbchen mit einheitlicher Form alles an Vita-

Frischfutter in Form von Obst und Gemüse sorgt für Abwechslung auf dem Speiseplan und ist für Mäuse ausgesprochen gesund.

Ernährung in Stichworten

EINE ABWECHSLUNGSREICHE und gesunde Ernährung versorgt Ihre Mäuse mit allen notwendigen Vitaminen. Eine zusätzliche Vitamingabe macht nur Sinn bei Mangelerscheinungen oder Krankheit.

ERNEUERN Sie das Trockenfutter erst, wenn alles aufgefressen wurde. Mäuse suchen sich gerne als Erstes nur die Leckerbissen heraus.

ZITRUSFRÜCHTE wie beispielsweise Zitrone oder Orange enthalten Fruchtsäuren und sollten deshalb nicht verfüttert werden.

EIN KALKSTEIN sorgt für eine zusätzliche Versorgung mit Mineralien. Salzsteine sind jedoch für die Gesundheit der Tiere nicht nötig.

minen, Mineralien und Nährstoffen in genau der richtigen Menge enthalten ist. Ursprünglich wurden Pellets für Tiere, die in den zahlreichen Laboren gehalten wurden, entwickelt. Grundsätzlich ist nichts gegen diese Art der Fütterung einzuwenden. Dennoch bin ich der Meinung, dass eine solche Fertignahrung für Tiere nicht sehr natürlich ist und die genussvolle Beschäftigung mit dem Futter fehlt. Werden Mäuse vor die Wahl gestellt, entscheiden sie sich in der Regel immer für das natürliche Futter und lassen die eintönigen Pellets links liegen.

Sichere Aufbewahrung

Futtervorräte sollten Sie grundsätzlich nur in gut verschließbaren Kunststoff- oder Glasgefäßen lagern. Getreidemotten sind zwar nicht gefährlich für die Gesundheit; sie befallen jedoch sämtliche zugänglichen Nahrungsmittel in Ihrem Haushalt und eine Mottenplage wird man nur unter relativ großem Aufwand wieder los.

Öfter mal was Frisches: Saftfutter

Ein paar kleine Stücke frisches Gemüse oder Obst (ohne Kerne) können Sie täglich auf den Speiseplan setzen. Mäuse fressen davon zwar keine großen Mengen, Frischfutter sorgt jedoch für Abwechslung und Beschäftigung. Gräser oder Blätter sind ebenfalls zu empfehlen, denn sie enthalten wichtige Mineralstoffe und Spurenelemente.
Obst und Gemüse sollte vor dem Verfüttern stets gewaschen und abgetrocknet werden. Beseitigen Sie die Reste am nächsten Tag.

Fetthaltige Leckereien wie Sonnenblumenkerne sollte nicht immer dieselbe Maus allein verzehren, sonst wird sie schnell zu dick!

Wasser: immer verfügbar

Die im Zoofachhandel üblichen Nippeltrinkflaschen aus Kunststoff oder Glas sind sehr gut geeignet. Täglich sollte das Wasser ausgetauscht und die Flasche kurz mit heißem Wasser durchgespült werden. Bei stark kalkhaltigem Trinkwasser verkalken die Tränkekugeln nach einiger Zeit. Kontrollieren Sie diese deshalb regelmäßig auf ihre Funktion. Alternativ können Sie auch stilles Mineralwasser verwenden oder das Trinkwasser durch einen Wasserfilter laufen lassen. Das Wasser wird dadurch weicher und bekommt einen besseren Geschmack.

Gesunde und abwechslungsreiche Kost

Durch eine gesunde, abwechslungsreiche Fütterung stellen Sie sicher, dass Ihre Mäuse nur selten krank werden und fit bis ins hohe Alter bleiben. Bei ausreichender Bewegung oder als Belohnung darf es ruhig auch einmal die eine oder andere Leckerei, etwa in Form einer Erdnuss, geben. Wichtig ist, dass der Speiseplan vielseitig zusammengestellt wird und die Mäuse auch von allen Futterbestandteilen etwas fressen. Zusätzlich zur Grundfütterung sollten noch einige weitere Ernährungskomponenten auf dem Speisezettel stehen.

Zusätzliches Eiweiß

In freier Natur knabbern Mäuse gelegentlich an kleinen Insekten und decken dadurch ihren Eiweißbedarf. Werden sie als Heimtier gehalten, benötigen sie daher alle ein bis zwei Wochen eine proteinreiche Nahrungsportion extra.

Dazu eignen sich vor allem lebende Mehlwürmer aus dem Zoofachhandel. Sie können den Zwergen auch eine kleine Portion Speisequark, Joghurt, etwas gekochtes Ei oder gegartes Hühnerfleisch (ungewürzt) anbieten. Auch Bröckchen von Katzen-Trockenfutter werden gern akzeptiert. Die Portion sollte allerdings nur klein ausfallen. Eine Ausnahme stellen trächtige und säugende Weibchen dar. Sie benötigen eine größere Menge eiweißreicher Nahrung (1- bis 2-mal pro Woche).

Raufutter/Beschäftigungsfutter

Heu guter Qualität sollte im Mäuseheim nie fehlen. Die Zwerge fressen jedoch im Gegensatz zu anderen Nagern nur wenig davon und verwenden es eher zum Nestbau und Zernagen. Dennoch ist es für eine gut funktionierende Darmtätigkeit unerlässlich. Die Rinde frischer Äste von Obstbäumen oder Haselnusssträuchern wird ebenfalls gerne benagt, aber nur selten gefressen.

Durch das Knabbern an Holz werden die Schneidezähne der Tiere, die ein Leben lang nachwachsen, regelmäßig leicht abgerieben. Das kürzt und schärft die Zähne auf natürliche Art und Weise und sorgt stets für die richtige Zahnlänge. Tauschen Sie die Äste und das Heu regelmäßig aus, auch wenn sie noch nicht komplett zernagt wurden.

Zur Abwechslung können Sie Ihren Tieren auch einmal einen kleinen Kauknochen aus Rinderhaut für Hunde in den Käfig legen. Manche Mäuse sind ganz wild darauf! Trockenes Brot in kleinen Mengen dürfen Mäuse nur gelegentlich bekommen, da es einen hohen Kaloriengehalt besitzt. Achten Sie darauf, dass es nicht schimmelt.

Schmackhafte Leckerbissen

Natürlich dürfen Mäuse auch mal ein Leckerchen zur Belohnung bekommen. Glücklicherweise gibt es genügend natürliche Leckereien für Mäuse, sodass Sie nicht auf künstliche Produkte aus dem Handel zurückgreifen müssen.

Besonders gut geeignet sind Nüsse (Haselnüsse, Walnüsse, Paranüsse, Erdnüsse – ungesalzen!). Sonnenblumen-, Pinien- oder Kürbiskerne werden ebenfalls mit großem Genuss verspeist. Bedenken Sie jedoch immer, dass der Fettgehalt dieser Lebensmittel sehr hoch ist und sie in größeren Mengen zur Fettleibigkeit ihrer Schützlinge führen können. Getrocknete Pflaumen oder Rosinen sind ebenfalls heißbegehrte Leckereien.

BESCHÄFTIGUNGSFUTTER Einige Nahrungsmittel wie beispielsweise Kolbenhirse, Weizenähren, trockene Maiskoblen oder auch Erdnüsse können Sie den Tieren naturbelassen bzw. mit Schale anbieten. So müssen sie sich ihre Mahlzeit erst nach und nach erarbeiten und sind wie in der freien Natur eine ganze Weile damit beschäftigt. Solches Futter lässt sich außerdem prima in der Gruppe verzehren.

FRISCHE KRÄUTER Selbst gezogene Kräuter oder Gräser wie Basilikum, Petersilie oder Katzengras sind gesundes Ergänzungsfutter und werden hin und wieder von den Mäusen gern akzeptiert und angeknabbert.

Nicht so gut geeignet ist hingegen Klee, der zu Blähungen führen kann. Löwenzahnstängel oder Pfefferminze wirken sich ebenfalls ungünstig auf die Verdauung Ihrer Winzlinge aus.

EIWEISS Ein Happen Quark oder Joghurt rundet die Ernährung ab. Eiweiß benötigen die Zwerge zu Muskelaufbau und Wachstum. Trächtige und säugende Weibchen brauchen eine Extraportion!

Pflege der Familie Maus

Die regelmäßige Säuberung von Käfig und Zubehör ist die Voraussetzung dafür, dass Sie sich dauerhaft an gesunden Hausgenossen erfreuen können. Damit Sie den Überblick behalten und die nötigen Pflegemaßnahmen wie aus dem FF kennen, empfiehlt es sich, mithilfe eines Plans bestimmte Wochentage festzulegen, an denen die Reinigungsarbeiten vorgenommen werden.

Auch Kindern können dabei gut einige regelmäßig anfallende Aufgaben übertragen werden. So fördern Sie bei Ihrem Nachwuchs den verantwortungsbewussten Umgang mit ihren kleinen Freunden. Grundsätzlich wird der Geruch des Mäuseurins von menschlichen Nasen als unangenehm empfunden. Deshalb sollten Sie die Einstreu lieber einmal zu viel als zu wenig wechseln und auch die Toilettenecke öfter reinigen.

Verwenden Sie keine scharfen und stark parfümierten Reinigungsmittel zur Säuberung des Mäuseheims. Die Nager besitzen eine sehr empfindliche Riechschleimhaut und werden zudem durch zu scharfe Reinigungsmittel nur noch mehr dazu angeregt, ihr Revier mit Urinmarkierungen zu versehen. Auch erneute Rangstreitigkeiten könnten durch diese fremden Düfte provoziert werden.

Ein mildes Spülmittel und eine kleine Bürste eignen sich optimal zur Säuberung fast aller Gegenstände.

Großreinemachen im Käfig

Zur ungestörten Reinigung des Käfigs können die Zwerge in einem kleinen Ersatzkäfig oder Aquarium untergebracht werden. Dieser eignet sich auch gut, um kranke Tiere in Quarantäne zu halten, wenn eine Ansteckung gesunder Tiere vermieden werden soll. Ideal zum Abbrausen des gesamten Käfigs eignet sich die Badewanne. Hinterher aber stets alles gut abtrocknen und die Wanne säubern!

Ich persönlich reinige auch Holzgegenstände unter heißem Wasser und mit Spülmittel. Zubehör aus Holz braucht natürlich länger zum Trocknen als Plastik. Damit defekte Teile schnell ausgetauscht sowie sämtliches Käfiginventar auch einmal einer gründlichen Desinfektion unterzogen werden können, empfiehlt es sich, Zubehör wie beispielsweise Häuschen, Futternäpfe oder Trinkflasche stets doppelt anzuschaffen. Auf diese Weise können Sie diese Gegenstände im Wechsel verwenden und besitzen im Krankheitsfall schon eine komplette Ausstattung für den Ersatzkäfig.

Das Fell einer gesunden Maus ist stets sauber, trocken, ohne Krusten und haarlose Stellen.

Desinfektion

Im Zoofachhandel oder von Ihrem Tierarzt erhalten Sie Desinfektionsmittel, die sich zur Käfigreinigung eignen und gleichzeitig Ihren Tieren nicht schaden. Alle 2 bis 3 Monate sollte eine solche Intensivpflege erfolgen, durch die eventuell vorhandene Viren, Pilze und Bakterien abgetötet werden. Vor dem Einsprühen sollten die Gegenstände stets mit Wasser und Spülmittel gesäubert und abgetrocknet sein. Danach können Sie die Materialien von allen Seiten besprühen.

Für eine wirkungsvolle Desinfektion ist nicht die Menge des eingesetzten Mittels, sondern die Einwirkdauer (mindestens 5 Minuten) entscheidend!

Trinkgefäße

Die Trinkflasche sollte bei jedem Wasserwechsel mit heißem Wasser, aber ohne Reinigungsmittel durchspült werden. Eine Desinfektion ist in der Regel nicht notwendig. Bilden sich im Innern Ablagerungen oder Algen, sind Flaschenbürsten hilfreich. Grüne Algen bilden sich übrigens gern, wenn die Flasche in sehr heller Umgebung hängt. Hier hilft oft schon das Umplatzieren auf eine andere Käfigseite.

Körperpflege leicht gemacht

Bis auf einige wenige Maßnahmen, die der Gesundheitsvorsorge dienen (→ Seite 50), müssen Sie sich um die Fellpflege der Winzlinge kaum kümmern. Mäuse sind von Natur aus sehr reinliche Tiere und putzen sich täglich ausgiebig das Fell. Zweimal jährlich erfolgt ein Haarwechsel. Einige Nager mögen es in dieser Zeit gerne, wenn man vorsichtig mit dem Finger die losen Haarbüschel aus dem Fell streicht.

Auf kleinere Verfilzungen im Haarkleid sollte nur bei Langhaarmäusen geachtet werden.

Checkliste der **Pflegearbeiten**

ZEITRAUM	DAS STEHT AN
TÄGLICH	Futter und Trinkwasser erneuern, Saftfutterreste entfernen, die Trinkflasche mehrfach mit warmen Wasser durchspülen. Toilettenecke säubern. Alle Tiere einem Gesundheitscheck unterziehen. Eine halbe Stunde Beschäftigung mit den Mäusen.
WÖCHENTLICH	Den Futternapf mit heißem Wasser reinigen. Die Einstreu im Käfig je nach Anzahl der Bewohner auswechseln, dabei aber stets eine kleine Portion alter Einstreu im Käfig belassen. Gegenstände zum Spielen, Zweige oder Nestmaterial bei Bedarf austauschen.
MONATLICH	Komplettreinigung des Käfigs. Auch hier gilt: stets etwas alte Einstreu zur neuen mischen. Zubehör und Spielzeug ebenfalls mit einem milden Spülmittel reinigen. Zahnkontrolle bei allen Tiere durchführen.
ZWISCHENDURCH	Neues Käfigzubehör oder Einrichtung wie Steine, Äste oder Wurzeln aus der Natur vor der Verwendung reinigen und desinfizieren. Steine können zum Abtöten der Keime im Backofen bei 150 °C für eine halbe Stunde erhitzt oder abgekocht werden.

So bleiben Ihre Farbmäuse gesund

Regelmäßige Pflegemaßnahmen sowie optimale Haltungsbedingungen sorgen dafür, dass Ihre Farbmäuschen nur selten krank werden. Damit sie ein möglichst hohes Alter erreichen, hat es sich bewährt, täglich einen kurzen Gesundheitscheck aller Tiere durchzuführen. So sind Sie in der Lage, erste Krankheitsanzeichen schon früh zu erkennen und damit rechtzeitig eingreifen zu können.

Grundsätzlich ist es so, dass Nagetiere dazu neigen, anfängliche Krankheitssymptome zu überspielen, damit sie keinen Nachteil im sozialen Gefüge der Familie erleiden: Kranke Tiere werden in der Natur aus Sicherheitsgründen nämlich schnell von der Gruppe ausgeschlossen und ihre Position in der Rangordnung sinkt rasch.

Das mag uns nicht gerade freundlich erscheinen, hat jedoch in der Wildnis den Vorteil, dass der Kern der Familie stets gesund bleibt und das Überleben der eigenen Gene gesichert ist.

Folgende Punkte sollten bei dem kurzen täglichen Check der Tiere durchgegangen werden:

› Die Augen sollen stets klar und glänzend erscheinen. Schlieren oder Verkrustungen in den Augenwinkeln dürfen nach dem Säubern mit einem feuchten weichen Tuch nicht wiederkehren.

› In den Ohren sollten sich keine dunklen Krusten oder schmierigen Beläge befinden.

› Der Nasenspiegel darf feucht wirken, soll aber keinen weißlichen Ausfluss aufweisen.

› Schneidezähne sollten gerade zueinander stehen und die richtige Länge haben. Ein durch dauerhaften Speichelfluss feuchtes Kinn weist auf eine Zahnerkrankung hin.

› Das Fellkleid ist im Idealfall dicht, ohne Schuppen oder haarlose Stellen. Ebenso sollten sich keine Verkrustungen finden, die häufig von Juckreiz begleitet werden.

› Im Afterbereich sollte das Fell nicht verklebt erscheinen.

› Die Maus sollte stets aufmerksam und an ihrer Umgebung interessiert erscheinen. Zieht sie sich auffallend häufig zurück, krümmt sie dauerhaft ihren Rücken auf oder sträubt das Fell, ist etwas nicht in Ordnung.

Diese Aufzählung mag Ihnen lang erscheinen, aber: Alle Punkte werden Sie innerhalb kurzer Zeit so schnell verinnerlicht haben, dass ein täglicher kurzer Blick auf jedes Tier für das Einschätzen des Gesundheitszustandes schon ausreicht.

Durch regelmäßiges Wiegen Ihrer Mäuse können Sie ein Zu- oder Abnehmen rasch feststellen.

Rechtzeitig zum Tierarzt!

Falls Sie bei einem Ihrer Tiere bezüglich der auf der vorherigen Seite genannten Punkte Unklarheiten feststellen oder aber den Verdacht hegen, Symptome der hier im Buch beschriebenen Krankheiten entdeckt zu haben, so sollten Sie nicht mit einem Besuch beim Tierarzt zögern! Mäuse mit Krankheitssymptomen sind in der Regel schon ernsthaft erkrankt und sollten zur genauen Abklärung in jedem Falle vom Tierarzt untersucht werden.
Leider passiert es nach wie vor, dass Tierhalter zu lange mit dem Gang zum Arzt warten oder aber selbst versuchen herumzudoktern, wodurch kostbare Zeit verloren geht. Diese Tiere können dann auch mit der richtigen Therapie vom Tierarzt nicht mehr gerettet werden. Warten Sie also niemals länger als bis zum nächsten Tag ab, wenn eine oder mehrere Ihrer Mäuse krank erscheinen.
Bereiten Sie sich für den Tierarztbesuch auf folgende Fragen vor:
› Wie und bei welcher Gelegenheit äußern sich die Krankheitssymptome?
› Seit wann erscheint die Maus krank?
› Sind noch weitere Tiere der Gruppe betroffen?
› Gab es im Vorfeld Veränderungen in der Haltung, der Reinigung oder der Fütterung der Nager?

Blinddarmkot

Sie brauchen sich keine Sorgen zu machen, wenn Sie beobachten, dass Ihre Fellnasen eigenen Kot mit dem Mund aufnehmen und sogar schlucken. Dabei handelt es sich nicht um die üblichen Mäuseausscheidungen, sondern um den sogenannten Blinddarmkot. Dieser ist besonders weich und hell und ist zur Erhaltung der Mäusegesundheit von entscheidender Bedeutung. In ihm sind wichtige Eiweiße und Vitamine enthalten, die von den eige-

1 Streichen Sie vorsichtig mit dem Finger entgegen der Wuchsrichtung durchs Fell und achten Sie dabei auf schuppige Verkrustungen.

2 Zur Kontrolle der Schneidezähne halten Sie einen Leckerbissen über den Kopf der Maus. Beim Strecken sieht man dann die orange gefärbten Zähne.

nen Darmbakterien der Maus gebildet werden, aber erst bei der erneuten Aufnahme in den Körper verwertet werden können.

Mäusesenioren

Bereits ab einem Alter von 15 Monaten fangen einige Mäuse an, erste Alterserscheinungen zu zeigen. Diese Tiere magern trotz normaler Futteraufnahme merklich ab und haben ein größeres Schlafbedürfnis. Das Fell wirkt stumpf und etwas dünn, der Rücken leicht knochig. Für uns erscheint das Durchschnittsalter der Farbmäuse von 2 bis maximal 3 Jahren recht kurz. Die Tiere selbst jedoch leben mit einem ganz anderen Zeitgefühl und durchlaufen die Stationen ihres Lebens einfach sehr viel schneller als wir. Für ältere Tiere ist eine ruhige Umgebung und ein gemütliches Zuhause besonders wichtig. Verwöhnen Sie die betagten Nager mit ausgiebigen Streicheleinheiten und einer Extraportion Leckerbissen.

Pflege kranker Mäuse

Haben Sie den Verdacht, dass eines Ihrer Tiere erste Krankheitsanzeichen zeigt, müssen Sie reagieren. Sie sollten es möglichst bald von der Gruppe trennen und im Ersatzkäfig unterbringen, um eine weitere Ansteckung innerhalb der Mäusefamilie zu verhindern. Vereinbaren Sie dann möglichst schnell einen Termin bei Ihrem Tierarzt. Dieser wird Ihnen erklären, was Sie unternehmen sollten, um die Therapie Ihrer Maus zu unterstützen.

Im Folgenden einige Tipps zum Umgang mit kranken Farbmäusen, die sich bewährt haben:

› Eingabe von Medikamenten: Mit Hilfe einer Pipette oder einer Spritze ohne Nadel können flüssige Medikamente gut in die seitliche Mundspalte hinter den Schneidezähnen eingegeben werden. Dazu sollte eine zweite Person die Maus vorsichtig in ein Küchentuch gewickelt halten, falls sie sich weigert, die Medizin einzunehmen.

› Kalte Temperaturen: Beim Transport der Maus zum Tierarzt empfiehlt es sich im Winter, ein kleines Handtuch oder einen Kissenbezug um die Transportbox zu wickeln. So wird kalte Zugluft von ihr ferngehalten.

› Ersatzheim: Der kranken Maus sollte die aufgezwungene »Einzelhaft« im Ersatzkäfig so angenehm wie möglich gestaltet werden. Geben Sie deshalb regelmäßig eine kleine Menge Einstreu oder einige Gegenstände aus dem gewohnten Käfig hinzu. So bleibt dem Patienten wenigstens der vertraute Geruch seiner Familie.

› Wärme: Insbesondere bei Erkältungskrankheiten wird Ihnen Ihr Tierarzt empfehlen, den Patienten mit einer Rotlichtlampe zu bestrahlen. Achten Sie beim Aufstellen der Lampe darauf, dass nur eine Ecke des Käfigs angeleuchtet wird, damit die Maus entscheiden kann, ob ihr Wärme angenehm ist.

› Inhalation: Geben Sie zwei bis drei Tropfen eines mentholfreien Inhalats (z.B. für Säuglinge) auf ein Taschentuch und hängen Sie es für mehrere Stunden am Tag neben den Käfig. Dadurch wird die Atmung bei Erkältungskrankheiten erleichtert.

› Bitte nicht hungern lassen: Eine Maus, die über längere Zeit die Futteraufnahme komplett verweigert, muss zwangsgefüttert werden, da das empfindliche Verdauungssystem des Nagers durch die Futterverweigerung schnell Schaden nehmen kann. Lassen Sie sich von Ihrem Tierarzt ein spezielles Ersatzfutter in Form eines Pulvers geben, welches, angemischt mit Wasser und mit Hilfe einer Pipette, dem Patienten eingeflößt werden kann.

Abschied

Irgendwann wird der Moment des Abschieds kommen, sei es nach einem Beratungsgespräch beim Tierarzt oder unerwartet zu Hause. Ich möchte Ihnen ans Herz legen, ein unheilbares Tier, das Schmerzen leidet, rechtzeitig erlösen zu lassen. Es ist ein schwerer Schritt, ein Tier freiwillig gehen zu lassen. Dies ist aber auch ein Zeichen dafür, dass Sie Verantwortung übernehmen und in erster Linie an das Wohl des Tieres denken.

Trauern Sie ruhig »nur« um eine Maus und begraben Sie diese im Garten oder in freier Natur. Denken Sie an die vielen schönen Momente, die Sie zusammen mit dem Zwerg erlebt haben. Sprechen Sie vor allem mit Kindern über das Abschiednehmen. Für diese ist es sehr wichtig, sich noch einmal richtig von dem Tier verabschieden zu können.

Die häufigsten Krankheiten

Im Folgenden möchte ich Ihnen einen kurzen Überblick über die bei Farbmäusen am häufigsten auftretenden Erkrankungen geben.

Beachten Sie aber bitte, dass eine richtige Diagnose nur vom Tierarzt gestellt werden kann. Nur er kann die kleine Maus fachmännisch untersuchen und bei Bedarf weiterführende Diagnoseverfahren wie Röntgen, Ultraschall, Anlegen einer Pilzkultur etc. anwenden und Ihnen anschließend eine geeignete Therapie vorschlagen.

Äußerer Parasitenbefall

Zu den äußeren Parasiten zählen Läuse, Flöhe und Milben. Bei Farbmäusen stellt insbesondere der Befall mit Letzteren eine recht häufige Erkrankung dar. Auf der Haut der Tiere finden sich Krusten oder Schorf, die Haut erscheint gerötet, Haarausfall ist an kahlen Stellen deutlich zu erkennen. Der Juckreiz ist stark ausgeprägt und die Maus fühlt sich sichtlich unwohl. Bei starkem Befall kann es sogar zu Krampfanfällen kommen.

Eine Maus, die sich scheinbar ohne Grund von der Gruppe absondert und ein auffällig apathisches Verhalten zeigt, sollten Sie so schnell wie möglich dem Tierarzt vorstellen.

Eine Ansteckung erfolgt häufig durch andere Tiere, mangelnde Käfighygiene oder aber über verunreinigtes Heu und Futter.
Eine Behandlung ist nur durch den Tierarzt möglich. Zur Vorbeugung sollten Sie nur qualitativ hochwertiges Futter verwenden und Gegenstände aus der freien Natur stets gründlich reinigen.

Innerer Parasitenbefall

Zu den inneren Parasiten werden Würmer oder Einzeller gezählt; die Ursachen für einen Befall sind meistens nur schwer auszumachen.
Betroffene Tiere infizieren sich in der Regel durch Futter, Kotaufnahme erkrankter Tiere oder beim Nagen an befallenen Gegenständen. Der Tierarzt kann durch eine Kotuntersuchung eine Diagnose stellen und im Anschluss die richtige Therapie einleiten. Vermeiden Sie den Kontakt zu Wildmäusen und achten Sie auf die Käfighygiene.

Übermäßiges Putzen oder hektisches Kratzen am ganzen Körper kann auf einen stark juckenden Milbenbefall hinweisen.

Durchfall

Fauliges und verunreinigtes Futter führt häufig zu bakteriell bedingtem Durchfall. Geben Sie bei einem Auftreten den Nagern für einen Tag kein Saftfutter. Hält der Durchfall länger als 24 Stunden an oder geht es dem Tier sehr schlecht, konsultieren Sie bitte unbedingt einen Tierarzt. Durch starken Flüssigkeitsverlust baut eine Maus sehr schnell ab, kann aber bei rechtzeitiger Therapie durch einfache Maßnahmen gerettet werden.
Kotverklebungen in der Afterregion können Sie mit einem feuchten Tuch mehrmals täglich entfernen.

Erkältungskrankheiten

Erkältungen werden durch eine Infektion mit Viren oder Bakterien, häufig sogar eine Kombination von beidem, verursacht. Stress, schlechte Haltungsbedingungen oder ein geschwächtes Immunsystem sorgen für beste Voraussetzungen, dass diese Erreger ein Tier befallen können. Bitte suchen Sie schon bei ersten Anzeichen wie häufigem Niesen, Nasenausfluss, entzündeten Augen oder knisternden Atemgeräuschen den Tierarzt auf. Schwer erkrankte Tiere zeigen eine pumpende Atmung und Koordinationsprobleme. Meist sind sie nicht mehr zu therapieren. Die Symptome der bei Mäusehaltern so gefürchteten Mykoplasmose sind von denen »normaler« – aber nichtsdestotrotz ebenso gefährlicher – Erkältungen kaum zu unterscheiden.

Mykoplasmose

Die so gefürchtete Infektion wird durch Mykoplasmen (parasitär lebende Bakterien) verursacht.
Zu den typischen Erkältungssymptomen dieser Erkrankung zählen knisternde Atemgeräusche, stark erschwerte Atmung, Niesen und Augenentzündungen. Betroffene Tiere erscheinen lustlos mit aufge-

krümmtem Rücken und struppigem Fell. Zur Unterstützung des Abwehrsystems sollte in jedem Fall ein Antibiotikum gegeben werden, um weitere bakterielle Erkrankungen zu bekämpfen, die das Tier in der Regel zusätzlich schwächen.

Manchmal können wenigstens die Symptome der Mykoplasmose für einige Zeit durch eine Therapie des Tierarztes gelindert oder sogar beseitigt werden, auch wenn die Erkrankung nicht heilbar ist.

Zahnfehlstellungen

Die Schneidezähne von Mäusen wachsen ein Leben lang nach und müssen durch Benagen und Fressen regelmäßig abgenutzt werden. Wenn das nicht funktioniert, kommt es zum bogenförmigen Einwachsen der Zähne nach außen oder in die Mundhöhle. Erkrankte Tiere nehmen wegen starker Schmerzen beim Fressen rasch ab und stellen nach kurzer Zeit die Futteraufnahme komplett ein. Zahnfehlstellungen können vererbt sein.

Lassen Sie die Zähne bei Bedarf durch einen Tierarzt kürzen und sorgen Sie stets für ausreichende Nagemöglichkeiten, um das Problem zu vermeiden.

Tumor

Die Wahrscheinlichkeit, an einem gut- oder bösartigen Tumor zu erkranken, steigt bei Mäusen ab einem Alter von einem Jahr. Häufig sind diese an schnell wachsenden Beulen am Bauch oder Rücken der Tiere zu erkennen. Diese Art von Tumor lässt sich meist noch gut vom Tierarzt wegoperieren. Tumore, die innerhalb der Bauchhöhle wachsen, werden leider oft zu spät diagnostiziert.

Wegen bereits erfolgter Metastasenbildung oder Zerstörung wichtiger Organsysteme sind erkrankte Tiere in der Regel nicht mehr zu retten und sollten vom Tierarzt erlöst werden.

Mykoplasmose – was ist das?

**TIPPS VON
DER MÄUSE-EXPERTIN
Alexandra Beißwenger**

ANSTECKUNG Die Ansteckung mit Mykoplasmen erfolgt häufig bereits kurz nach der Geburt durch die Mutter und bleibt ein Leben lang erhalten. Eine Infektion ist ebenfalls über sogenannte Aerosole (feine Tröpfchen in der Luft) oder durch verseuchte Gegenstände möglich.

IMMUNSYSTEM Die klassischen Symptome der Mykoplasmose treten erst zu einem späteren Lebenszeitpunkt auf, wenn sich das Tier durch eine kurzzeitige Schwächung des Immunsystems nicht mehr gegen die latent vorhandenen Erreger wehren kann. Selbst nach langen symptomfreien Perioden kann die Maus erneut akut erkranken, wenn sie unter Stress steht oder durch andere Krankheitserreger geschwächt wurde.

PROGNOSE Heilbar ist die Erkrankung leider bislang nicht. Betroffene Tiere können ein Leben lang symptomfrei bleiben, wodurch die Verbreitung des Erregers auch in Zukunft kaum unter Kontrolle zu bekommen ist. Verantwortungsvolle Züchter sollten unbedingt darauf achten, nur mit mykosefreien Elterntieren zu züchten.

Nachwuchs erwünscht?

Überlegen Sie sich gut, ob Sie einmal Mäusenachwuchs großziehen möchten. Natürlich sind die Jungen niedlich anzuschauen, aber es ist nicht leicht, geeignete Abnehmer zu finden, wenn Sie nicht alle Tiere behalten können. Speziell bei der Farbmauszucht sollte auf gesunde Elterntiere geachtet werden, die weder miteinander verwandt sind, noch ungünstige Erbanlagen in sich tragen (→ Seite 11). Grundsätzlich empfehle ich deshalb zum Schutz der Tiere, eine Mäusezucht im großen Stil den Fachleuten zu überlassen, die sich gut mit der Vererbungslehre auskennen.

Gegen den einmaligen Wurf zweier nicht verwandter gesunder Mäuse spricht aber nichts, wenn Sie die Kleinen gut unterbringen können.

Mäuseflirt

Das Männchen wird durch sogenannte Pheromone (Sexualduftstoffe) auf das Weibchen aufmerksam, sobald dieses in die Brunst kommt. Er beginnt ihr Hinterteil zu beschnuppern, es zu belecken und einen ersten Deckversuch zu starten. So leicht sind die Damen aber nicht herumzukriegen. Stets aufs Neue lockt das Weibchen den Bock und läuft dann mehrmals davon, bis es endlich zum Deckakt bereit ist. Dabei drückt es sein Hinterteil steil nach oben und hält den Schwanz zur Seite.

Hochträchtige Mäuseweibchen ziehen sich kurz vor der Geburt ins Nest zurück.

Mäusebabys kommen nackt, blind und taub zur Welt. Die Mutter lässt sie anfangs kaum aus den Augen.

Trächtigkeit und Geburt

Ein kleiner Mäusebauch zeigt sich bei erfolgreicher Befruchtung etwa 15 Tage nach dem Deckakt. Emsig beginnt die werdende Mäusemama nun, ihr Nest mit Heubüscheln, Zweigen und weichem Papier auszupolstern.

Steht die Geburt nach 21 bis 23 Tagen (mindestens 18, höchstens 24) kurz bevor, wird die Maus unruhig und ein leicht blutiger Vaginalausfluss wird sichtbar. Meist geschieht dies nachts zwischen 22 und 2 Uhr. Kurz nach der Geburt eines jeden Jungtieres zerbeißt die Mutter die Fruchtblase und beleckt es kräftig. Dadurch wird die Darmtätigkeit des Babys angeregt. Die nährstoffreiche Nachgeburt wird stets vom Weibchen gefressen und gibt ihr einen Teil der durch die mühevolle Geburt verbrauchte Energie zurück. Die gesamte Geburt ist in der Regel nach einer Stunde abgeschlossen. Durchschnittlich 6 bis 8 Junge (mindestens 4, höchstens 12) bringt ein Mäuseweibchen in einem Wurf zur Welt. Die Babys sind bei der Geburt noch unbehaart, taub und haben geschlossene Augen. Ihre Fortbewegung erfolgt in taumeligen Kreisbewegungen. Dadurch wird verhindert, dass die Nachkömmlinge sich zu weit vom sicheren Nest entfernen. Vorsicht: Mäuseweibchen sind unmittelbar nach der Geburt schon wieder deckbereit und werden auch schnell trächtig, obwohl sie noch ihren ersten Wurf säugen!

Geburtenkontrolle

Sie sehen: Mäuse sind unglaublich fruchtbar und vermehrungsfreudig – die kleinen Mäusedamen können tatsächlich bis zu 100 gesunde Nachkommen in durchschnittlich 12 Würfen in einem Jahr bekommen. Auf eine Geburtenkontrolle kann von daher nicht verzichtet werden.

Junge Mäuse gehen schon sehr bald auf tapsigen Pfoten auf Entdeckungstour. Bei Gefahr werden sie von der Mutter sofort ins Nest zurückbefördert.

Männchen sollten deshalb, wenn sie in einer gemischtgeschlechtlichen Gruppe leben, stets kastriert werden. Bei Weibchen ist dieser operative Eingriff, der unter Vollnarkose vom Tierarzt durchgeführt wird, sehr viel aufwändiger und mit einem größeren Risiko behaftet. Für die männlichen Tiere ist der Eingriff aber ebenfalls wegen der schwer zu dosierenden Vollnarkose bei Nagetieren nicht ganz unkompliziert und ein Risiko.

› Bei der Kastration werden dem Männchen oder Weibchen die Keimdrüsen (Hoden bzw. Eierstöcke) komplett entfernt. Der Geschlechtstrieb erlischt, Böckchen werden im Verhalten weniger aggressiv.

› Im Gegensatz dazu werden bei einer Sterilisation nur die entsprechenden Leitungswege (Samenleiter bzw. Eileiter) mit Hilfe eines Fadens abgebunden. Das Verhalten des Nagers bleibt von diesem Eingriff unverändert.

Junge Mäuse

Neugeborene Mäusebabys wirken unglaublich hilflos. Nackt, blind und taub kuscheln die etwa 1 Gramm leichten Mäusekinder anfangs die meiste Zeit im Nest. Die Mäusemutter säugt und putzt die Jungen in der ersten Zeit täglich ausgiebig. Um das Nest sauber zu halten und die Verdauung der kleinen Würmchen zu unterstützen, massiert sie mit der Schnauze deren Bäuche und leckt dann den Harn und den Milchkot auf.

In Familien, in denen mehrere Weibchen zusammenleben, werden Gemeinschaftsnester gebaut, in denen die Nachkommen gemeinsam großgezogen werden. Die Kleinen dürfen dabei in der Regel bei allen säugenden Weibchen der Gruppe trinken. Das hat den Vorteil, dass beim Tod eines Muttertieres das Überleben aller Jungen gesichert ist.

Die Temperatur im Nest liegt bei fast 30 °C, je nach Baumaterial und Anzahl der Bewohner. Interessanterweise bauen die Nager ihre Nestwand mit variabler Stärke, wie sie am besten für die Gruppengröße geeignet erscheint.

Fangen die Kleinen nach wenigen Tagen damit an, neugierig die Umgebung ihres Nestes erkunden zu wollen, werden sie von der Mutter im Mäulchen zurückgetragen. Die Jungen verfallen dabei in eine

Die Nest- und Körperpflege der Jungen übernimmt stets die Mutter. Die regelmäßige Bauchmassage der Winzlinge ist für sie lebensnotwendig, damit die Verdauung in Gang gehalten wird.

fast kugelige, starre Körperhaltung, die sogenannte Tragstarre, indem sie Schwanz und Beine nah an den Körper ziehen. Dadurch ist das Elterntier in der Lage, schnell vor Feinden zu flüchten, ohne dass das Jungtier mit Kopf oder Gliedmaßen an Hindernisse schlägt und sich verletzt.

Mäuseweibchen sind aufopferungsvolle Mütter und verteidigen in freier Wildnis ihre Kinder bis auf den letzten Blutstropfen. Selbst ansonsten zahme Weibchen können zu Furien mutieren, wenn ein ungebetener Gast ihren Jungen zu nahe kommt. In gefährlicher Pose und mit gesträubtem Fell ist die Mutter bereit, es mit jedem Feind, sei es Hund, Katze oder Mensch, aufzunehmen und beißt sofort zu.

Aus diesem Grund empfehle ich Ihnen, möglichst eine ganze Woche abzuwarten, ehe Sie einen Blick ins Nest werfen, damit die neue Familie sich in Ruhe einleben kann.

Um den 13. Lebenstag herum öffnen sich die Augen der Mäusekinder und ihr Fell wird dichter. Etwa zum gleichen Zeitpunkt werden die Schneidezähne sichtbar, sodass von nun an auch schon einmal die eine oder andere Kostprobe von herumliegendem Futter genommen wird. Bis zur vierten Lebenswoche werden die Nachzöglinge noch gelegentlich von der Mutter mitgesäugt.

Im Alter von etwa zwei bis drei Wochen kommen junge Mäuse in die sogenannte Flohphase, in der sie ihre neugewonnenen Kräfte durch plötzliches Hochspringen aus dem Stand ausprobieren. Das ist für den Halter sehr lustig anzuschauen! In dieser Phase können Sie auch schon damit beginnen, die Kleinen an Ihre Hand zu gewöhnen.

Sobald die jungen Mäuse etwa 25 Tage alt sind, empfehle ich, die Nager nach Geschlechtern zu trennen, damit es nicht zu weiterem ungewolltem Nachwuchs kommt.

Mäusekinder großziehen

PHASE	DAS SOLLTEN SIE WISSEN
MÄUSEVÄTER	Die im Rudel lebenden Böckchen können von Geburt an im Käfig belassen werden. Die meisten Väter interessieren sich wenig für den Nachwuchs – allenfalls etwas Futter für die Mama wird ins Nest getragen.
PUBERTÄT	Im Alter von sechs bis acht Wochen fangen Mäuseböckchen an, ihr Revier abzustecken und Rangkämpfe anzuzetteln. Wenn sich die Streithähne nicht mehr vergesellschaften lassen, sollten sie kastriert und erneut zusammengeführt oder in andere Gruppen integriert werden.
FRUCHTBARKEIT	Mit etwa einem Jahr werden viele Mäuseweibchen unfruchtbar. Dennoch sollten nur kastrierte Mäusemännchen mit älteren Weibchen gehalten werden.
KÜNSTLICHE AUFZUCHT	Stirbt die Mutter, so können Sie versuchen, die Kleinen großzuziehen. Mischen Sie dazu Säuglingsmilch (für Menschen), Schlagsahne und Eigelb zu gleichen Teilen. Vermischt mit ein wenig abgekochtem Wasser sollten die Babys in den ersten Tagen alle 2–3 Stunden eine kleine lauwarme Portion verabreicht bekommen (Pipette). Danach zur Verdauungsanregung ganz vorsichtig den Bauch massieren!

Die Inhalte dieses Buches beziehen sich auf die Bestimmungen des deutschen Tier- bzw. Artenschutzes. In anderen Ländern können die Angaben abweichend sein. Erkundigen Sie sich daher im Zweifelsfall bei Ihrem Zoofachhändler oder bei der entsprechenden Behörde.

Verbände/Vereine

› Rassezuchtverband Österreichischer Kleintierzüchter (RÖK), Präsident: Günther Wimmer, Karl-Forstergasse 18a, A- 2326 Lanzendorf, www.kleintierzucht-roek.at
› Bundesarbeitsgruppe Kleinsäuger e. V., Brantestr. 6, 56746 Hohenleimbach, www.bag-kleinsaeuger.de

Wichtiger **Hinweis**

› Kranke Mäuse Treten bei Ihren Mäusen Krankheitszeichen auf, wenden Sie sich baldmöglichst an einen Tierarzt.

› Ansteckungsgefahr Nur wenige Krankheiten sind auf den Menschen übertragbar. Gehen Sie bei Ansteckungsverdacht zum Arzt, das gilt besonders, wenn Sie von einem Tier gebissen wurden.

› Tierhaarallergie Manche Menschen reagieren allergisch auf Tierhaare. Wenn Sie sich unsicher sind, fragen Sie vor dem Kauf von Mäusen Ihren Hausarzt.

› Tierärztliche Vereinigung für Tierschutz e. V. (TVT), Bramscher Allee 5, 49565 Bramsche, www.tierschutz-tvt.de
› Deutscher Tierschutzbund e. V., In der Raste 10, 53129 Bonn, www.tierschutzbund.de
› Bundesverband für fachgerechten Natur-, Tier- und Artenschutz e. V. (BNA), Ostendstr. 4, 76707 Hambrücken, www.bna-ev.de
› Österreichischer Tierschutzverein, Berlagasse 36, A-1210 Wien, www.tierschutzverein.at
› Schweizer Tierschutz (STS), Dornacherstr. 101, CH-4018 Basel, www.tierschutz.com

Fragen zur Haltung

beantworten Ihr Zoofachhändler und der Zentralverband Zoologischer Fachbetriebe Deutschlands e. V. (ZZF), www.zzf.de, Online-Portal des ZZF, **www.my-pet.org**, Tel.: 06 11/44 75 53 32 (Mo 12–16 Uhr, Do 8–12 Uhr)

Mäuse im Internet

› www.rodent-info.net
› www.diebrain.de

Tierarzt

Hier können Sie einen Tierarzt finden, wenn einer Ihrer Zwerge krank wird:
› Bundesverband praktizierender Tierärzte e. V. (BPT), www.smile-tierliebe.de

Tierarztpraxen, die mit Naturheilverfahren arbeiten, finden Sie unter:
› Gesellschaft für Ganzheitliche Tiermedizin e. V. (GGTM), Mooswaldstr. 7, 79227 Schallstadt, www.ggtm.de

Internetportal für Tiermedizin: www.tiermedizin.de

Bücher

› Esther Verhoef, Stefanie Menzel: Illustrierte Kaninchen- und Nagetiere-Enzyklopädie. Dörfler, Eggolsheim-Bammersdorf.
› Liesel Baumgart, Marlies Hand: Bach-Blüten für Tiere. Oertel und Spörer Verlag, Reutlingen

Zeitschriften

› Rodentia. Natur und Tier-Verlag, Münster, www.ms-verlag.de
› Ein Herz für Tiere. Ein Herz für Tiere Media GmbH, München, www.herz-fuer-tiere.de

DIE WERDEN SIE AUCH LIEBEN.

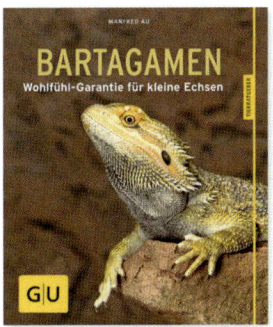

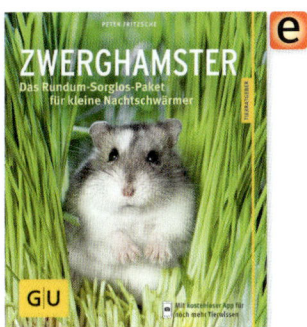

Die Autorin

Alexandra Beißwenger beschäftigt sich seit frühester Kindheit intensiv mit Kleintieren. Sie ist Tierärztin und arbeitet regelmäßig in verschiedenen Tierarztpraxen. Ihr Spezialgebiet ist die Haltung, Diagnostik und Therapie von Nagetieren. Sie verfasst Fachartikel und ist Autorin der GU-Tierratgeber »Degus« und »Streifenhörnchen«.

Der Fotograf

Oliver Giel hat sich zusammen mit Eva Scherer auf die Bildproduktion von Tier- und Naturthemen spezialisiert. Ihre Arbeiten kommen neben Büchern auch in Zeitschriften, Kalendern und der Werbung zum Einsatz. Ein umfangreiches Bildarchiv und weiter Infos gibt es unter: www.tierfotograf.com
Alle Fotos in diesem Buch stammen von Oliver Giel mit Ausnahme von: Solveig Burzynski S. 12-li-u, 13-re-o, 13-re-u.

Syndication:

www.imageprofessionals.com

© 2017
GRÄFE UND UNZER VERLAG GmbH,
Postfach 860366, 81630 München

GU ist eine eingetragene Marke der GRÄFE UND UNZER VERLAG GmbH, www.gu.de

Aktualisierte Neuausgabe von Mäuse, GRÄFE UND UNZER VERLAG GmbH, 2007,
ISBN 978-3-8338-0583-7

Projektleitung: Adriane Andreas, Anita Zellner
Lektorat: Christa Klus-Neufanger, Gabriele Linke-Grün
Bildredaktion: Natascha Klebl, Adriane Andreas, Petra Ender (Cover)
Konzeption der Umschlaggestaltung und Layout: independent Medien-Design, Horst Moser, München
Umschlaggestaltung: h3a GmbH, München
Herstellung: Susanne Mühldorfer, Martina Koralewska
Satz und Repro: Longo AG, Bozen
Druck und Bindung: Firmengruppe APPL, aprinta druck, Wemding

Printed in Germany

ISBN 978-3-8338-5512-2

6. Auflage 2025

Umwelthinweis

Dieses Buch ist auf PEFC-zertifiziertem Papier aus nachhaltiger Waldwirtschaft gedruckt.